교과서가 머리에 쏙쏙 들어오고! 시험 문제가 술술 풀리는!

놀라운어휘 학습코구어

다산스쿨 교육연구소 지음

2

다산
스쿨

●교과서를 읽지 못하는 아이들

요즘 아이들은 글을 읽지 못해서 시험 문제를 풀지 못한다고 합니다. 우리 아이는 한글을 잘 읽는데, 이게 무슨 말일까요?

아이가 만나는 모든 교과서와 시험 문제는 수많은 어휘로 이루어져 있습니다. 따라서 어휘의 뜻을 제대로 해석하지 못한다면 글을 읽는다고 할 수 없지요. 글을 읽지 못하면 모든 과목에서 지식을 습득하기 어렵고, 이는 문제를 푸는 능력에도 영향을 미칩니다. 왜 이런 일이 일어날까요?

답은 현저히 낮은 아이들의 문해력에서 찾을 수 있습니다. '문해력'이란 글을 읽고 쓸 수 있는 능력을 말합니다. 단순히 글자를 읽는 것이 아니라, 사고 과정을 통해서 글의 맥락을 파악하고 표현할 수 있는 능력이지요. 교과목이 늘어나고 본격적인 학습이 등장하는 초등 3학년 시기가 되면, 문해력이 부족한 아이는 고급 어휘들을 이해하지 못하면서 학습 격차가 발생하기 시작합니다. 그래서 초등 저학년 시기에 문해력의 기초를 탄탄하게 다져 놓아야 합니다.

●교과 학습의 키, 학습도구어!

문해력은 어떻게 향상시킬 수 있을까요? 많은 전문가가 문해력의 가장 기본 요소로 어휘를 제시하고 있습니다. 소릿값이 합쳐져 이루어진 단어를 읽고 그 의미를 바로 파악하는 어휘력이 문해력의 시작입니다.

일상에서 자유롭게 대화를 하던 아이들이 갑자기 머리를 쥐어짜게 만드는 어휘가 있는데, 이것이 바로 '학습도구어'입니다. 학습도구어는 교과서와 같은 학술 텍스트에서 자주 사용되는 어휘로, 교과서를 읽고 사고를 정교화하기 위해 필수적으로 알아야 하는 단어입니다. 학습도구어를 아는 것은 교과 이해도를 높이는 데 필수적이고, 이는 결국 학습 실력의 차이로 이어집니다.

> • 다음 장면과 관련이 없는 것을 골라 보세요.
> • 지도는 사용 목적에 따라 구분할 수 있다.
> • 일정한 규칙으로 나열된 숫자를 보고, 아래 문제를 풀어 보세요.

우리 아이는 교과서, 수행 평가, 시험 문제 등에서 이런 문장을 접하게 됩니다. '장면, 관련, 목적, 구분, 일정, 규칙'은 해당 과목의 지식 내용은 아니지만, 모르면 문장을 이해할 수 없는 중요한 어휘, 학습도구어입니다. 이를 모르는 아이는 결국 사회 교과서에서 설명하는 지도의 내용을 이해하기 어렵고, 덧셈과 뺄셈을 할 수 있어도 수학 문제를 풀지 못합니다. 문장 속 교과 지식이 아니라 문장을 이루는 학습도구어를 어려워하는 것이지요. 게다가 고학년으로 올라갈수록 교과서에 등장하는 학습도구어는 더욱 어려워집니다. 따라서 교과 지식을 받아들이고 인출하기 위해서는 학습도구어를 정확하게 학습하고 활용할 수 있어야 합니다.

●핵심 학습도구어와 수백 개의 확장 어휘를 한눈에 익히는 책

학습도구어의 중요성을 알아도 아이의 학년에 맞는 어휘를 하나하나 찾아서 가르치기란 쉽지 않습니다. 그래서 본 책에서는 초등 저학년에 꼭 필요한 100개의 학습도구어를 선정하고 이로부터 600여 개의 어휘를 확장해서 학습하도록 구성했습니다.

핵심 어휘는 초등 1~3학년 교과서를 기반으로 주요 학습도구어를 추출한 뒤, 국립국어원 『현대 국어 사용 빈도 조사』 보고서의 빈도 순위를 반영하여 선정했습니다. 아이들은 다섯 권의 책을 통해 1일 1학습도구어를 익히며 쉽고 재미있게 어휘력을 키우고, 핵심 어휘와 관련된 단어들을 연결하며 점진적으로 어휘를 확장해 갈 수 있습니다. 또한 핵심 학습도구어가 나오는 생활 만화를 통해 단어가 쓰이는 맥락과 상황을 익숙하게 받아들이게 됩니다. 뿐만 아니라 속담과 사자성어, 관용어 등을 학습하면서 단어에서 문장으로 사고를 확장하고, 이를 바탕으로 해당 단어를 문장과 문단 속에 적용하는 활동을 하면서 언어 능력을 향상시킬 수 있습니다.

●초등 학습의 시작, 학습도구어!

우리 아이가 학교 수업을 잘 이해하고 표현했으면 하는 마음은 모두 같습니다. 본격적인 읽기가 시작되는 문해력 입문기의 아이에게 학습도구어는 그 길을 열어 주는 도구가 될 것입니다.

다산스쿨 교육연구소

이 책의 구성

1일 1어휘 학습하기

우리 아이에게 꼭 필요한 학습도구어를 하루에 하나씩 아이들의 눈높이에 맞춰 익힐 수 있습니다.

공부한 날짜를 쓰고 오늘의 어휘를 학습합니다.

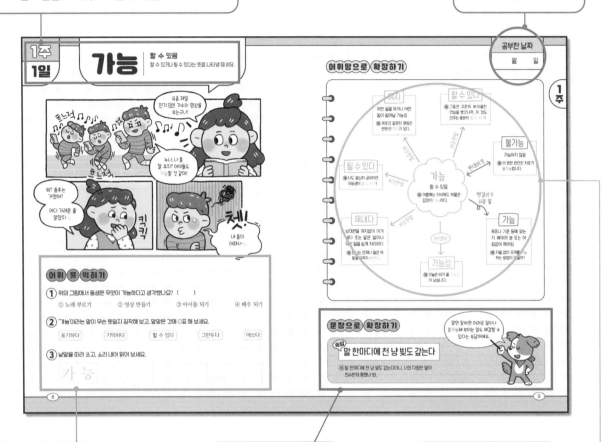

어휘 뜻 익히기

생활 만화를 통해 어휘의 쓰임을 알고, 문제를 풀며 어휘를 확인합니다.

문장으로 확장하기

속담, 사자성어, 관용어 등을 알아보며 어휘의 쓰임을 이해합니다.

어휘망으로 확장하기

어휘망으로 오늘의 핵심 어휘와 관련된 주변 어휘까지 한눈에 학습할 수 있습니다.

확장 어휘

비슷한말: 핵심 단어와 같은 맥락에서 쓸 수 있는 유사한 뜻의 단어

반대의 뜻: 핵심 단어와 반대의 상황에서 쓸 수 있는 서로 다른 단어

파생어: 핵심 단어에 '-력, -화'와 같은 접사를 붙여 새로운 뜻을 표현하는 단어

합성어: 핵심 단어에 또 다른 단어가 결합해 생성된 단어

활용: 핵심 단어를 일상에서 자유롭게 확장하여 쓰는 말

헷갈리기 쉬운 말: 핵심 단어와 발음이 같거나 유사하지만 다른 뜻을 가진 단어

속담: 예로부터 전해 내려오는 삶에 대한 교훈이나 주의를 표현한 짧은 글 또는 가르침을 주는 말

사자성어: 한자 네 자로 이루어진 옛말로, 교훈이나 유래를 담고 있음.

관용어: 두 개 이상의 단어로 이루어져서 특수한 의미를 나타내는 어구

—— (실선): 핵심 단어와 관련성이 강함.

--- (점선): 핵심 단어와 관련성이 약함.

어휘 뜻 확인하기

문장 속에 들어갈 어휘를 찾는 문제를 통해 단어가
쓰이는 상황적 맥락을 이해할 수 있습니다.

실전 문제 풀이

핵심 단어가 쓰이는 속담과 상황 문제를 풀면서
단어의 실제 쓰임을 생각해 볼 수 있습니다.

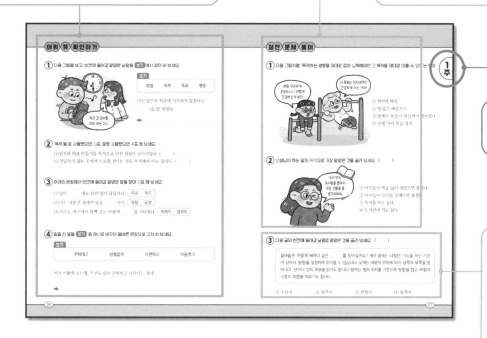

학습하는 주를 한눈에
알 수 있습니다.

한 편의 글 속에 들어
갈 단어를 찾으면서
어휘에 대한 이해도
를 한 단계 높이고 독
해력과 사고력을 키웁
니다.

확인 학습

한 주 동안 배운 핵심 어휘와 주변의 확장 단어를 포괄적으로 확인할 수
있습니다. 한 주간 학습한 단어를 잘 기억하고 있는지 점검해 봅니다.

종합 문제

한 주를 완성하는 실
전 문제를 통해, 각 주
의 단어를 활용하면
서 마무리할 수 있습
니다.

문장에 잘못된 단어
를 고쳐 쓰거나 바
른 순서로 다시 쓰면
서 문법에 맞게 문
장을 쓰는 연습을 합
니다.

차 례

③

갈등
강조
공통
단순
대신

변화
생산
성격
소비
수단

시기
요구
일정
주의
주장

판단
평가
평균
해결
확실하다

④

결정
관련
근거
다양
대책

부정
비교
생략
실제
요약

원칙
유지
의도
이성
조사

지시
참고
취급
한계
현실

⑤

개발
객관
결론
고려
독특

명백하다
무시
반복
상징
예외

우선
의식하다
제공
제한
증가

추리
탐구
표시
핵심
형식

초등 학습에 꼭 필요한
100개의 학습도구어와
600여 개의 확장 어휘를
학습해 보세요!

★정답은 96쪽에서 확인할 수 있습니다.

가능 | 할 수 있음
할 수 있거나 될 수 있다는 뜻을 나타낼 때 써요.

어휘 뜻 익히기

① 위의 그림에서 동생은 무엇이 가능하다고 생각했나요? (   )

① 노래 부르기   ② 영상 만들기   ③ 아이돌 되기   ④ 배우 되기

② '가능'이라는 말이 무슨 뜻일지 짐작해 보고, 알맞은 것에 ○표 해 보세요.

포기하다   기억하다   할 수 있다   그만두다   애쓰다

③ 낱말을 따라 쓰고, 소리 내어 읽어 보세요.

가	능					

어휘망으로 확장하기

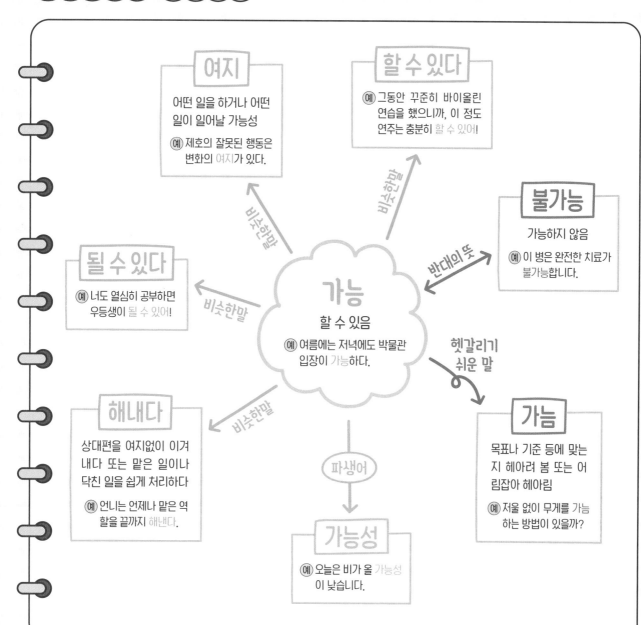

여지

어떤 일을 하거나 어떤 일이 일어날 가능성

(예) 제호의 잘못된 행동은 변화의 여지가 있다.

할 수 있다

(예) 그동안 꾸준히 바이올린 연습을 했으니까, 이 정도 연주는 충분히 할 수 있어!

불가능

가능하지 않음

(예) 이 병은 완전한 치료가 불가능합니다.

될 수 있다

(예) 너도 열심히 공부하면 우등생이 될 수 있어!

비슷한말

가능

할 수 있음

(예) 여름에는 저녁에도 박물관 입장이 가능하다.

반대의뜻

헷갈리기 쉬운 말

가능

목표나 기준 등에 맞는 지 헤아려 봄 또는 어림잡아 헤아림

(예) 저울 없이 무게를 가늠하는 방법이 있을까?

해내다

상대편을 여지없이 이겨 내다 또는 맡은 일이나 닥친 일을 쉽게 처리하다

(예) 언니는 언제나 맡은 역할을 끝까지 해낸다.

비슷한말

파생어

가능성

(예) 오늘은 비가 올 가능성이 낮습니다.

문장으로 확장하기

말만 잘하면 어려운 일이나 불가능해 보이는 일도 해결할 수 있다는 속담이에요.

속담 말 한마디에 천 냥 빚도 갚는다

(예) 말 한마디에 천 냥 빚도 갚는다더니, 너의 다정한 말이 희수한테 통했나 봐.

어휘 뜻 확인하기

① 다음 그림을 보고, 빈칸에 들어갈 알맞은 낱말을 보기 에서 찾아 써 보세요.

오늘 날씨
20°C
010%

보기

지속성   정확성   가능성   다양성

오늘은 비가 올 [   ]이 낮습니다.

➡ _____

② '가능'을 잘 사용했으면 ○표, 잘못 사용했으면 ✕표 해 보세요.

(1) 여름에는 저녁에도 박물관 입장이 가능하다. (   )

(2) 누가 이길지 가능이 어렵다. (   )

③ 아래의 문장에서 빈칸에 들어갈 알맞은 말을 찾아 ○표 해 보세요.

(1) [   ] 포기하지 마! | 할 수 있으니 | 할 수 없으니 |

(2) 너도 열심히 공부하면 우등생이 [   ]! | 칠 수 있어 | 될 수 있어 |

(3) 언니는 언제나 맡은 역할을 끝까지 [   ]. | 해낸다 | 성낸다 |

④ 밑줄 친 말을 보기 중 하나로 바꾸어 올바른 문장으로 고쳐 써 보세요.

보기

불이익   불가능   불규칙   불인정

이 게임기는 너무 많이 부서져서 수리가 <u>가능</u>하다.

➡ _____

1 다음 그림에 어울리는 속담은 무엇인가요? (   )

이게 다야?

우아, 잘 먹을게!

다음에는 영호만 더 줘야지!

선우   영호

① 말 한마디에 천 냥 빚도 갚는다
② 달면 삼키고 쓰면 뱉는다
③ 열 번 찍어 아니 넘어가는 나무 없다
④ 참새가 방앗간을 그저 지나랴

2 학교 대표가 되려고 열심히 운동하는 친구에게 할 응원의 말로 가능성이 높은 것을 골라 보세요.

(   )

① 어차피 메달은 딸 수 없어!
② 지금처럼 열심히 하면 학교 대표로 뽑힐 수 있어!
③ 대표는 불가능한데, 뭐 하러 열심히 하니?
④ 수학 시험에서 100점 맞을 거야!

3 다음 글의 빈칸에 들어갈 낱말로 알맞은 것을 골라 보세요. (   )

아름다운 백설 공주를 질투한 왕비는 사냥꾼을 불러 공주를 죽이도록 명령했어요. 하지만 사냥꾼은 누구에게나 친절하고 착한 백설 공주를 차마 죽이지 못했지요.
"공주님, 얼른 도망가세요. [   ]한 한 멀리멀리 가야 해요. 왕비님이 절대 찾을 수 없는 곳까지 가야 합니다."
숲속으로 도망친 백설 공주는 작은 난쟁이의 집을 발견했어요.

① 사용   ② 감시   ③ 다양   ④ 가능

구별 | 갈라놓는 것

성질이나 종류에 따라 차이가 나는 것 또는 성질이나 종류에 따라 갈라놓는 것을 뜻해요.

어휘 뜻 익히기

① 위의 그림에서 선생님이 구별하기 어려운 것은 무엇인가요? (   )

① 숙제   ② 형과 동생의 얼굴   ③ 학년   ④ 쌍둥이의 말

② '구별'이라는 말이 무슨 뜻일지 짐작해 보고, 알맞은 것에 ○표 해 보세요.

갈라놓음   하나로 합침   여러 개를 더함   모아 둠

③ 낱말을 따라 쓰고, 소리 내어 읽어 보세요.

구 별

어휘망으로 확장하기

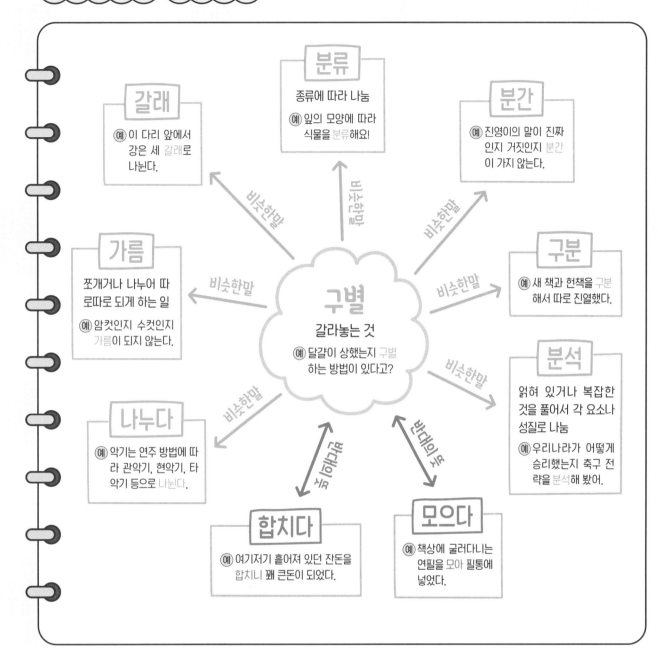

분류
종류에 따라 나눔
(예) 잎의 모양에 따라 식물을 분류해요!

갈래
(예) 이 다리 앞에서 강은 세 갈래로 나뉜다.

분간
(예) 진영이의 말이 진짜 인지 거짓인지 분간 이 가지 않는다.

가름
쪼개거나 나누어 따로따로 되게 하는 일
(예) 암컷인지 수컷인지 가름이 되지 않는다.

구분
(예) 새 책과 헌책을 구분 해서 따로 진열했다.

구별
갈라놓는 것
(예) 달걀이 상했는지 구별 하는 방법이 있다고?

분석
얽혀 있거나 복잡한 것을 풀어서 각 요소나 성질로 나눔
(예) 우리나라가 어떻게 승리했는지 축구 전략을 분석해 봤어.

나누다
(예) 악기는 연주 방법에 따라 관악기, 현악기, 타악기 등으로 나뉜다.

합치다
(예) 여기저기 흩어져 있던 잔돈을 합치니 꽤 큰돈이 되었다.

모으다
(예) 책상에 굴러다니는 연필을 모아 필통에 넣었다.

비슷한말 / 반대의 뜻

문장으로 확장하기

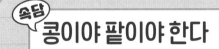

(속담)
콩이야 팥이야 한다

콩의 싹이나 팥의 싹이나 비슷한데 그것을 구별하느라 다툰다는 뜻으로, 별것 아닌 일로 서로 다투는 경우를 이르는 말이에요.

(예) 비슷한 우산 가지고 뭐가 좋은지 다투는 거야? 정말 콩이야 팥이야 하고 있구나.

1 다음 그림을 보고, 빈칸에 들어갈 알맞은 낱말을 보기 에서 찾아 써 보세요.

보기

과정	갈래	목적	주제

이 다리 앞에서 강은 세 ☐ (으)로 나뉜다.

➡ _____

2 '구별'을 잘 사용했으면 ○표, 잘못 사용했으면 ✕표 해 보세요.

(1) 어려운 사람을 돕기 위해 친구와 힘을 구별했다. (　　　)

(2) 아는 것과 모르는 것을 구별하는 것이 중요하다. (　　　)

3 아래의 문장에서 빈칸에 들어갈 알맞은 말을 찾아 ○표 해 보세요.

(1) 새 책과 헌책을 ☐ 해서 따로 진열한다.　| 구조 | 구분 |

(2) 악기는 연주 방법에 따라 관악기, 현악기, 타악기 등으로 ☐.　| 나뉜다 | 모은다 |

(3) 잎의 모양에 따라 식물을 ☐ 해요!　| 분류 | 종류 |

4 밑줄 친 말을 보기 중 하나로 바꾸어 올바른 문장으로 고쳐 써 보세요.

보기

합치니	빼니	없애니	버리니

여기저기 흩어져 있던 잔돈을 나누니 꽤 큰돈이 되었다.

➡ _____

1 다음 그림에 어울리는 속담은 무엇인가요? (   )

① 콩이야 팥이야 한다
② 가재는 게 편
③ 콩을 팥이라 해도 곧이듣는다
④ 콩밭에 가서 두부 찾는다

2 다음 그림의 아이는 사람을 어떻게 구별했는지 골라 보세요. (   )

① 옷 입은 모습
② 목소리와 박수 소리
③ 머리 모양
④ 냄새와 손의 느낌

3 다음 글의 빈칸에 들어갈 낱말로 알맞은 것을 골라 보세요. (   )

메뚜기와 베짱이는 겉모습이 닮았습니다. 그렇다면 두 곤충은 어떻게 [   ]할까요? 메뚜기는 낮에 주로 활동하며 초식성 곤충이고, 베짱이는 밤에 주로 활동하며 동물성 먹이와 식물성 먹이를 가리지 않는 잡식성 곤충입니다. 베짱이는 메뚜기보다 날개의 크기가 크고, 더듬이가 머리카락처럼 길며, 다리의 길이도 훨씬 깁니다.

① 구성   ② 차이   ③ 비례   ④ 구별

기대

바라면서 기다림
어떤 일이 원하는 대로 이루어지기를 바라면서 기다린다는 뜻이에요.

어휘 뜻 익히기

1 위의 그림에서 민수가 제일 기대하고 있는 것은 무엇인가요? (   )

① 이모께서 사 오시는 선물   ② 이모께서 주시는 용돈

③ 엄마의 말씀   ④ 이모의 칭찬

2 '기대'라는 말이 무슨 뜻일지 짐작해 보고, 알맞은 것에 ○표 해 보세요.

바라보며 기뻐함   바라면서 포기함   바라면서 얻음   바라면서 기다림

3 낱말을 따라 쓰고, 소리 내어 읽어 보세요.

기 대

어휘망으로 확장하기

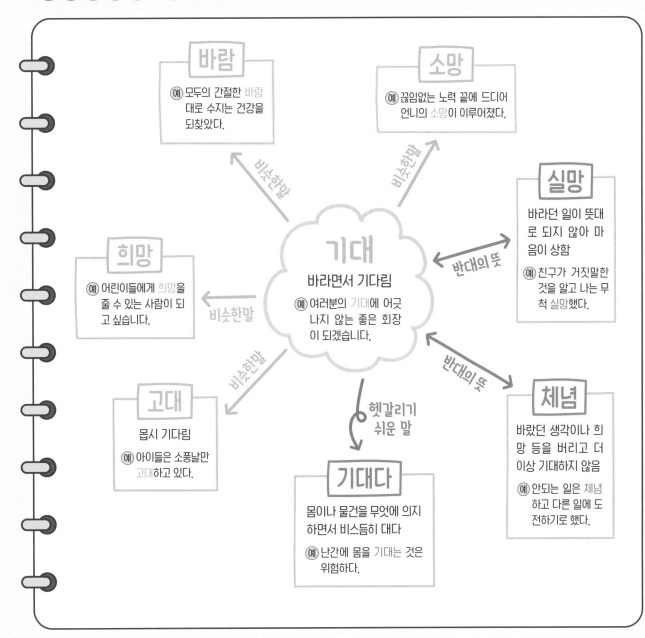

바람
㉠ 모두의 간절한 바람 대로 수지는 건강을 되찾았다.

소망
㉠ 끊임없는 노력 끝에 드디어 언니의 소망이 이루어졌다.

실망
바라던 일이 뜻대로 되지 않아 마음이 상함
㉠ 친구가 거짓말한 것을 알고 나는 무척 실망했다.

희망
㉠ 어린이들에게 희망을 줄 수 있는 사람이 되고 싶습니다.

기대
바라면서 기다림
㉠ 여러분의 기대에 어긋나지 않는 좋은 회장이 되겠습니다.

고대
몹시 기다림
㉠ 아이들은 소풍날만 고대하고 있다.

기대다
몸이나 물건을 무엇에 의지하면서 비스듬히 대다
㉠ 난간에 몸을 기대는 것은 위험하다.

체념
바랐던 생각이나 희망 등을 버리고 더 이상 기대하지 않음
㉠ 안되는 일은 체념하고 다른 일에 도전하기로 했다.

비슷한말 / 비슷한말 / 반대의 뜻 / 비슷한말 / 비슷한말 / 헷갈리기 쉬운 말 / 반대의 뜻

문장으로 확장하기

떠들썩한 소문이나 큰 기대에 비하여 별 내용이 없거나 소문이 실제와 같지 않은 경우를 비유*하는 말이에요.

속담
소문난 잔치에 먹을 것 없다

㉠ 소문난 잔치에 먹을 것 없다더니, 유명한 그 식당 요리는 비싸기만 하고, 맛은 그냥 그랬어.

*비유: 어떤 것을 설명할 때, 비슷한 다른 것에 빗대어 설명하는 것

17

(1) 다음 그림을 보고, 빈칸에 들어갈 알맞은 낱말을 보기 에서 찾아 써 보세요.

보기

| 절망 | 책망 | 희망 | 주의 |

어린이들에게 [   ] (을)를 줄 수 있는 사람이 되고 싶습니다.

➡ _____

(2) '기대'를 잘 사용했으면 ○표, 잘못 사용했으면 ✕표 해 보세요.

(1) 내가 준 선물을 기억 못 하다니 정말 기대했어. (   )
(2) 내가 좋아하는 작가의 새 책이 곧 나온대. 정말 기대돼. (   )

(3) 아래의 문장에서 빈칸에 들어갈 알맞은 말을 찾아 ○표 해 보세요.

(1) 끊임없는 노력 끝에 드디어 언니의 [   ] 이 이루어졌다.   소식 | 소망
(2) 준호는 자신의 [   ] 대로 유명한 축구 선수가 되었습니다.   바람 | 바탕
(3) 나는 병을 고칠 수 있을 것이라는 [   ] 의 끈을 놓지 않고 있다.   원망 | 희망

(4) 밑줄 친 말을 보기 중 하나로 바꾸어 올바른 문장으로 고쳐 써 보세요.

보기

| 희망찬 | 실망한 | 기대한 | 행복한 |

동생은 원하던 놀이 기구를 탈 수 없게 되어 매우 즐거운 표정이었다.

➡ _____

① 다음 그림에 어울리는 속담은 무엇인가요? (   )

① 고생 끝에 낙이 온다
② 까마귀 날자 배 떨어진다
③ 가랑비에 옷 젖는 줄 모른다
④ 소문난 잔치에 먹을 것 없다

② 그림 속 아이는 무엇을 기대하고 있는지 골라 보세요. (   )

① 점심 메뉴
② 체험 학습
③ 청소
④ 모둠 활동

③ 다음 글의 빈칸에 들어갈 낱말로 알맞은 것을 골라 보세요. (   )

이승훈 선수는 스피드 스케이팅 5,000미터 경기에 출전해 한국 최초로 메달을 목에 걸었고, 10,000미터에서는 올림픽 신기록까지 세웠습니다. 당시에는 아무도 이승훈 선수가 메달을 딸 것이라고 [   ] 하지 않았습니다. 왜냐하면 이승훈 선수는 스피드 스케이팅 대회의 경험도 부족했고, 외국 선수들보다 상대적으로 몸집이 작은 아시아 선수의 체형이기 때문입니다.

① 기대   ② 기술   ③ 획득   ④ 포기

대표

하나로 나타냄

전체의 상태나 성질을 하나로 잘 나타내는 것 또는
전체를 대표하는 사람을 나타내는 말이에요.

어휘 뜻 익히기

(1) 위의 그림에서 석현이는 무엇을 대표하는 자리에 뽑혔나요? (   )

① 잘 먹기   ② 선거   ③ 우리 반   ④ 우리 학교

(2) '대표'라는 말이 무슨 뜻일지 짐작해 보고, 알맞은 것에 ○표 해 보세요.

대신 지워 줌   거짓으로 나타냄   하나로 나타냄   여러 개로 나눔

(3) 낱말을 따라 쓰고, 소리 내어 읽어 보세요.

대	표								

어휘망으로 확장하기

1주

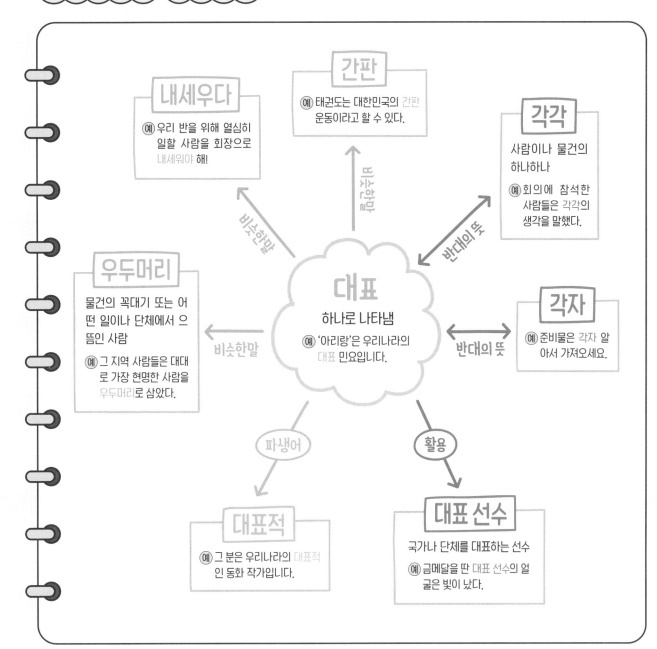

내세우다

(예) 우리 반을 위해 열심히 일할 사람을 회장으로 내세워야 해!

간판

(예) 태권도는 대한민국의 간판 운동이라고 할 수 있다.

각각

사람이나 물건의 하나하나

(예) 회의에 참석한 사람들은 각각의 생각을 말했다.

비슷한말

반대의 뜻

비슷한말

우두머리

물건의 꼭대기 또는 어떤 일이나 단체에서 으뜸인 사람

(예) 그 지역 사람들은 대대로 가장 현명한 사람을 우두머리로 삼았다.

비슷한말

대표

하나로 나타냄

(예) '아리랑'은 우리나라의 대표 민요입니다.

반대의 뜻

각자

(예) 준비물은 각자 알아서 가져오세요.

파생어

활용

대표적

(예) 그 분은 우리나라의 대표적인 동화 작가입니다.

대표 선수

국가나 단체를 대표하는 선수

(예) 금메달을 딴 대표 선수의 얼굴은 빛이 났다.

문장으로 확장하기

속담

사자 없는 산에 토끼가 왕 노릇 한다

(예) 사자 없는 산에 토끼가 왕 노릇 한다더니, 큰형이 없으니까 작은형 마음대로 하잖아.

뛰어난 사람이나 우두머리가 없는 곳에서 보잘것없는 사람이 힘을 얻는 것을 비유적으로 이르는 속담이에요.

① 다음 그림을 보고, 빈칸에 들어갈 알맞은 낱말을 보기 에서 찾아 써 보세요.

보기

| 대신 | 대표 | 목표 | 대화 |

갈비탕이 우리 식당의 [   ] 메뉴입니다.

➡ _____

② '대표'를 잘 사용했으면 ○표, 잘못 사용했으면 ✕표 해 보세요.

(1) 전교 회장은 학생들을 대표하는 역할이다. (   )

(2) 조선 시대 하인들은 주인의 말을 반드시 대표했다. (   )

③ 아래의 문장에서 빈칸에 들어갈 알맞은 말을 찾아 ○표 해 보세요.

(1) 수민이는 우리 학교 야구부의 [   ] 스타라고 할 수 있다. 간판 / 심판

(2) 회의에 참석한 사람들은 [   ]의 생각을 말했다. 각각 / 각인

(3) 앞에 계신 분은 우리나라 동요계를 [   ] 작곡가입니다. 대표하는 / 알 수 없는

④ 밑줄 친 말을 보기 중 하나로 바꾸어 올바른 문장으로 고쳐 써 보세요.

보기

| 우두머리 | 회원 | 일원 | 아랫사람 |

늑대 무리를 이끄는 <u>부하</u>는 가장 강한 늑대가 아니라 가장 현명한 늑대라고 한다.

➡ _____

1 '뛰어난 사람이나 우두머리가 없는 곳에서 보잘것없는 사람이 힘을 얻는 것'을 뜻하는 속담은 무엇일까요? (   )

① 사자 없는 산에 토끼가 왕 노릇 한다

② 소 잃고 외양간 고친다

③ 닭 잡아먹고 오리발 내놓기

④ 비 오는 날 소꼬리 같다

2 할아버지의 설명으로 알맞은 것은 무엇인지 골라 보세요. (   )

우리나라에는 다양한 연이 있는데, 그중 방패연이 가장 유명해.

① 연날리기는 우리나라 전통 놀이가 아니다.

② 방패연은 우리나라의 대표 연이다.

③ 할아버지는 전통 놀이를 싫어한다.

④ 방패연은 유명하지 않다.

3 다음 글의 빈칸에 들어갈 낱말로 알맞은 것을 골라 보세요. (   )

> 아름다운 호수에서 평화롭게 살고 있던 개구리들은 생각했어요.
> '우리 개구리들을 [   ]하는 임금님이 있으면, 우리가 훨씬 더 행복하지 않을까? 임금님은 우리를 위해 무엇이든지 다 해 주실 거야.'
> 개구리들은 함께 기도하기 시작했어요.
> "우리에게 훌륭한 임금님을 보내 주세요."

① 표시   ② 발표   ③ 대표   ④ 대단

목적

이루려는 것

이루려고 하는 일이나 나아가는 방향을 나타낼 때 써요.

어휘 뜻 익히기

① 위의 그림에서 엄마가 말하는 일기의 원래 목적은 무엇일까요? (   )

① 방학 숙제를 다 하는 것   ② 글쓰기 연습을 하는 것

③ 날씨를 기록하는 것   ④ 하루를 돌아보는 것

② '목적'이라는 말이 무슨 뜻일지 짐작해 보고 알맞은 것에 ○표 해 보세요.

사용하는 것   하고 있는 것   끝내는 것   이루려는 것

③ 낱말을 따라 쓰고, 소리 내어 읽어 보세요.

목	적				

어휘망으로 확장하기

1주

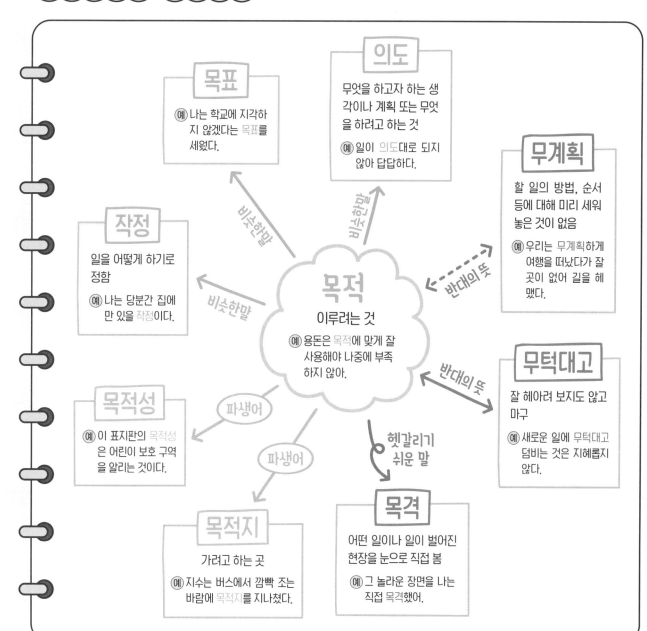

목표
(예) 나는 학교에 지각하지 않겠다는 목표를 세웠다.

의도
무엇을 하고자 하는 생각이나 계획 또는 무엇을 하려고 하는 것
(예) 일이 의도대로 되지 않아 답답하다.

무계획
할 일의 방법, 순서 등에 대해 미리 세워 놓은 것이 없음
(예) 우리는 무계획하게 여행을 떠났다가 잘 곳이 없어 길을 헤맸다.

작정
일을 어떻게 하기로 정함
(예) 나는 당분간 집에만 있을 작정이다.

비슷한말

비슷한말

반대의 뜻

목적
이루려는 것
(예) 용돈은 목적에 맞게 잘 사용해야 나중에 부족하지 않아.

무턱대고
잘 헤아려 보지도 않고 마구
(예) 새로운 일에 무턱대고 덤비는 것은 지혜롭지 않다.

반대의 뜻

목적성
(예) 이 표지판의 목적성은 어린이 보호 구역을 알리는 것이다.

파생어

파생어

헷갈리기 쉬운 말

목적지
가려고 하는 곳
(예) 지수는 버스에서 깜빡 조는 바람에 목적지를 지나쳤다.

목격
어떤 일이나 일이 벌어진 현장을 눈으로 직접 봄
(예) 그 놀라운 장면을 나는 직접 목격했어.

문장으로 확장하기

속담 산에 가야 범을 잡지

(예) 무엇을 해야 할지 몰라서 고민하고 있으면 아무것도 이룰 수 없어. 산에 가야 범을 잡지.

호랑이는 산에 가야 잡을 수 있고, 고기는 바다에 가야 잡을 수 있다는 뜻으로, 목적하는 방향을 제대로 잡아 노력해야만 그 목적을 이룰 수 있다는 속담이에요.

① 다음 그림을 보고, 빈칸에 들어갈 알맞은 낱말을 보기 에서 찾아 써 보세요.

보기

| 방법 | 숙제 | 목표 | 행동 |

나는 앞으로 학교에 지각하지 않겠다는

[   ](을)를 세웠다.

➡ _____

② '목적'을 잘 사용했으면 ○표, 잘못 사용했으면 ✕표 해 보세요.

(1) 안전한 학교 만들기를 목적으로 안전 점검이 실시되었다. (   )

(2) 건널목이 없는 곳에서 도로를 건너는 것은 목적해야 하는 일이다. (   )

③ 아래의 문장에서 빈칸에 들어갈 알맞은 말을 찾아 ○표 해 보세요.

(1) 일이 [   ]대로 되지 않아 답답하다. | 의심 | 의도 |

(2) 나는 당분간 집에만 있을 [   ]이다. | 작정 | 긍정 |

(3) 지수는 버스에서 깜빡 조는 바람에 [   ]를 지나쳤다. | 목적지 | 결과지 |

④ 밑줄 친 말을 보기 중 하나로 바꾸어 올바른 문장으로 고쳐 써 보세요.

보기

| 무턱대고 | 빈틈없게 | 마련하고 | 완벽하게 |

비가 이렇게 오는데, 우산도 없이 <u>준비하고</u> 나간다는 거니?

➡ _____

1 다음 그림처럼 '목적하는 방향을 제대로 잡아 노력해야만 그 목적을 제대로 이룰 수 있다'는 뜻의 속담은 무엇일까요? (   )

① 뛰어야 벼룩

② 땅 짚고 헤엄치기

③ 땅에서 솟았나 하늘에서 떨어졌나

④ 산에 가야 범을 잡지

2 선생님이 하는 말의 목적으로 가장 알맞은 것을 골라 보세요. (   )

① 아이들이 책을 많이 읽었으면 좋겠다.

② 아이들이 인사를 잘했으면 좋겠다.

③ 음식을 골고루 먹자.

④ 운동을 열심히 하자.

3 다음 글의 빈칸에 들어갈 낱말로 알맞은 것을 골라 보세요. (   )

철새들은 어떻게 해마다 같은 [   ]를 찾아갈까요? 새의 몸에는 나침반 기능을 하는 기관이 있어서, 방향을 일정하게 유지할 수 있습니다. 낮에는 태양의 위치에 따라 남쪽과 북쪽을 알아내고, 산이나 강의 모양을 읽기도 합니다. 밤에는 별의 위치를 기준으로 방향을 잡고, 바람과 구름의 흐름을 따르기도 합니다.

① 수단지   ② 목적지   ③ 관광지   ④ 유적지

확인 학습

1 다음 문장에 들어갈 알맞은 낱말을 **보기**에서 찾아 써 보세요.

보기

| 기억 | 기대 | 반대 | 기준 |

이번 대회에서 누가 우승할지 정말 _____ 돼.

2 '가능'을 잘 사용했으면 ○표, 잘못 사용했으면 ✕표 해 보세요.

(1) 건물이 너무 높아 몇 층인지 가능할 수 없다. (   )
(2) 통조림은 오랜 기간 보관이 가능하다. (   )

3 아래의 문장에서 빈란에 들어갈 알맞은 말을 찾아 ○표 해 보세요.

(1) 올해는 한 가지 [   ](을)를 세워서 도전해 봐.　 | 목표 | 수단 |

(2) 친구와 가는 [   ]가 달라서 지하철역 앞에서 헤어졌다.　 | 목격지 | 목적지 |

(3) 우리는 [   ] 여행을 떠났다가 잘 곳이 없어 길을 헤맸다.
| 무계획하게 | 계획적으로 |

4 밑줄 친 말을 **보기** 중 하나로 바꾸어 올바른 문장으로 고쳐 써 보세요.

보기

| 이별 | 구별 | 구상 | 석별 |

우리 오빠의 목소리는 워낙 커서 많은 사람 사이에서도 <u>구성</u>이 된다.

➡ _____

5 다음 문장의 순서가 바르게 되도록 다시 써 보세요. (답 2개)

| 우리나라의　/　민요입니다.　/　대표적인　/　'아리랑'은 |

➡ _____

'뛰어난 사람이나 우두머리가 없는 곳에서 보잘것없는 사람이 힘을 얻는다'는 뜻의 속담은 무엇일까요? (　　)

① 콩이야 팥이야 한다
② 산에 가야 범을 잡지
③ 말 한마디에 천 냥 빚도 갚는다
④ 사자 없는 산에 토끼가 왕 노릇 한다

 다음 그림의 아이가 무엇을 기대하고 있는지 골라 보세요. (　　)

① 결혼기념일
② 여행
③ 생일 선물
④ 주말 외식

 다음 글의 빈칸에 들어갈 낱말로 알맞은 것을 골라 보세요. (　　)

세종 대왕은 훈민정음을 만들면서 지혜로운 사람은 한나절이면 깨우치는 것이 □ 하고, 어리석은 사람도 열흘이면 배우는 것이 □ 하다고 하였습니다. 누구나 쉽게 익히고, 잘 쓸 수 있는 글자를 만들어야 백성들이 편하게 사용할 수 있다고 생각했던 것입니다.

① 학습　　　② 가능　　　③ 설치　　　④ 변화

반대

맞서는 것
❶ 두 사물의 모양, 위치, 방향, 순서 등이 등지거나 서로 맞서는 것
❷ 어떤 행동이나 의견에 따르지 않고 맞서는 것

어휘 뜻 익히기

1 위의 그림에서 동생은 왜 언니에게 착하다고 했을까요? (　　　)

① 오늘 언니의 모습이 정말 착해서　　　② 반대로 말하기 게임 중이라서

③ 거짓말하지 않기로 해서　　　④ 솔직하게 말하기 게임 중이라서

2 '반대'라는 말이 무슨 뜻일지 짐작해 보고, 알맞은 것에 ○표 해 보세요.

뚝같은 것　　　닮은 것　　　맞서는 것　　　새로운 것　　　만든 것

3 낱말을 따라 쓰고, 소리 내어 읽어 보세요.

반	대					

어휘망으로 확장하기

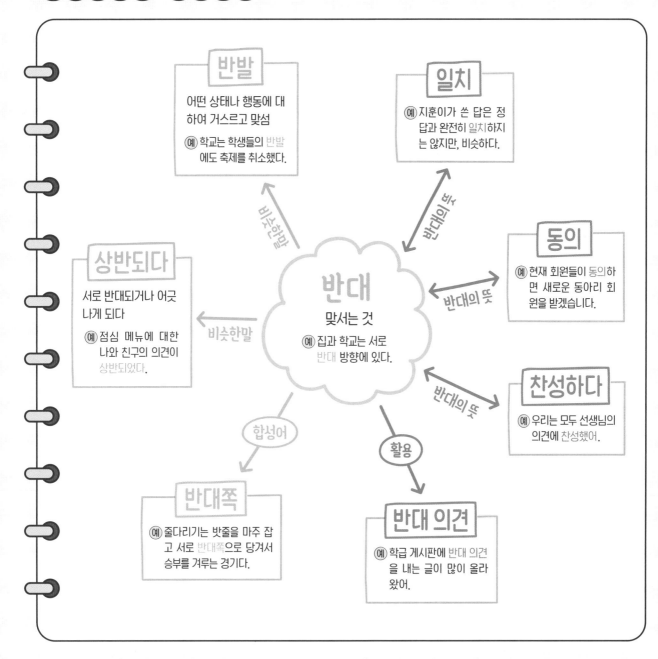

2주

반발

어떤 상태나 행동에 대하여 거스르고 맞섬

(예) 학교는 학생들의 반발에도 축제를 취소했다.

일치

(예) 지훈이가 쓴 답은 정답과 완전히 일치하지는 않지만, 비슷하다.

비슷한말

반대의 뜻

동의

(예) 현재 회원들이 동의하면 새로운 동아리 회원을 받겠습니다.

상반되다

서로 반대되거나 어긋나게 되다

(예) 점심 메뉴에 대한 나와 친구의 의견이 상반되었다.

비슷한말

반대

맞서는 것

(예) 집과 학교는 서로 반대 방향에 있다.

반대의 뜻

찬성하다

(예) 우리는 모두 선생님의 의견에 찬성했어.

합성어

활용

반대쪽

(예) 줄다리기는 밧줄을 마주 잡고 서로 반대쪽으로 당겨서 승부를 겨루는 경기다.

반대 의견

(예) 학급 게시판에 반대 의견을 내는 글이 많이 올라왔어.

문장으로 확장하기

쇠는 맞부딪쳐야 소리가 나므로 한쪽이라도 반대로 맞서지 않고 가만히 있으면 싸움이 일어나지 않는다는 뜻이에요.

속담

쇠라도 맞부딪쳐야 소리가 난다

(예) 쇠라도 맞부딪쳐야 소리가 나는 건데, 내가 참을 걸 그랬다.

어휘 뜻 확인하기

① 다음 그림을 보고, 빈칸에 들어갈 알맞은 낱말을 [보기] 에서 찾아 써 보세요.

보기

운반	상반	절반	선반

나와 친구는 점심 메뉴에 대한 의견이 ☐ 되었다.

➡ _____

떡볶이

햄버거

② '반대'를 잘 사용했으면 〇표, 잘못 사용했으면 ✕표 해 보세요.

(1) 음식을 할 때는 양념을 반대하게 넣어야 한다. (　　　)

(2) 집과 학교는 서로 반대 방향에 있다. (　　　)

③ 아래의 문장에서 빈칸에 들어갈 알맞은 말을 찾아 〇표 해 보세요.

(1) 학교는 학생들의 ☐ 에도 축제를 취소했다. | 반칙 | 반발 |

(2) 현재 회원들이 ☐ 하면 새로운 동아리 회원을 받겠습니다. | 동의 | 동상 |

(3) 지훈이가 쓴 답은 정답과 완전히 ☐ 하지는 않지만, 비슷하다. | 일찍 | 일치 |

④ 밑줄 친 말을 [보기] 중 하나로 바꾸어 올바른 문장으로 고쳐 써 보세요.

보기

성공	찬성	개성	생성

우리는 모두 선생님의 의견에 <u>정성</u>했어.

➡ _____

1 다음 그림처럼 '한쪽이라도 반대로 맞서지 않고 가만히 있으면 싸움은 일어나지 않는다'는 뜻의
속담은 무엇일까요? (   )

① 바늘 가는 데 실 간다

② 꿩 먹고 알 먹는다

③ 쇠라도 맞부딪쳐야 소리가 난다

④ 원숭이도 나무에서 떨어진다

2 시계의 짧은바늘과 긴바늘이 서로 반대 방향을 가리키는 시각을 골라 보세요. (   )

① 12:00   ② 03:00   ③ 06:00   ④ 06:30

3 다음 글의 빈칸에 들어갈 낱말로 알맞은 것을 골라 보세요. (   )

"저 녀석의 못된 버릇을 어떻게 고치지?"
답답한 아버지는 친구에게 하소연하였습니다.
"우리 아들은 내가 말한 것과 늘 [   ]로 한다네. 물을 받아라 하면 물을 버리고, 점심 먹어
라 하면 점심을 거르고, 밭에 씨앗을 뿌려라 하면 밭을 엎어 버린다니까."

① 반성   ② 반대   ③ 기대   ④ 반복

발달

자라거나, 커지거나, 높아지는 것
1 신체, 정서, 지능이 자라거나 높아짐
2 학문, 기술, 문명, 사회 현상이 높은 수준에 이름
3 태풍 등 자연 현상의 크기가 점차 커짐

어휘 뜻 익히기

1 위의 그림에서 공부하기 싫은 수빈이는 어떤 생각을 했나요? (　　　)

① 지식을 머릿속에 넣어 주는 기술이 발달하는 것　　② 아빠께서 대신 공부하는 것
③ 열심히 공부해서 과학자가 되는 것　　④ 지식은 별로 쓸모가 없다는 것

2 '발달'이라는 말이 무슨 뜻일지 짐작해 보고, 알맞지 않은 것에 ○표 해 보세요.

 커짐　　　자람　　　 뒤떨어짐　　　 높은 수준이 됨

3 낱말을 따라 쓰고, 소리 내어 읽어 보세요.

발	달						

어휘망으로 확장하기

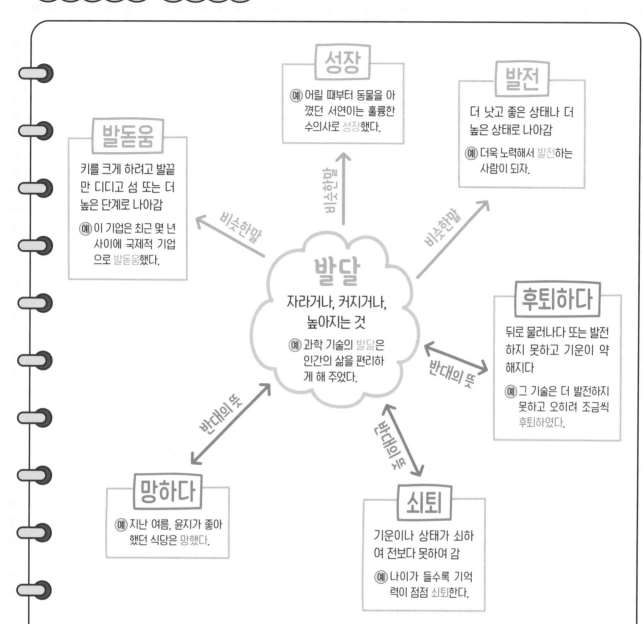

2주

성장
예 어릴 때부터 동물을 아꼈던 서연이는 훌륭한 수의사로 성장했다.

발전
더 낫고 좋은 상태나 더 높은 상태로 나아감
예 더욱 노력해서 발전하는 사람이 되자.

발돋움
키를 크게 하려고 발끝만 디디고 섬 또는 더 높은 단계로 나아감
예 이 기업은 최근 몇 년 사이에 국제적 기업으로 발돋움했다.

비슷한말

발달
자라거나, 커지거나, 높아지는 것
예 과학 기술의 발달은 인간의 삶을 편리하게 해 주었다.

비슷한말

비슷한말

후퇴하다
뒤로 물러나다 또는 발전하지 못하고 기운이 약해지다
예 그 기술은 더 발전하지 못하고 오히려 조금씩 후퇴하였다.

반대의 뜻

반대의 뜻

반대의 뜻

망하다
예 지난 여름, 윤지가 좋아했던 식당은 망했다.

쇠퇴
기운이나 상태가 쇠하여 전보다 못하여 감
예 나이가 들수록 기억력이 점점 쇠퇴한다.

문장으로 확장하기

자기에 대한 꾸지람이나 조언이 당장은 듣기 싫지만, 그것을 잘 받아들이면 자기 발전과 발달에 좋다는 뜻이에요.

속담
입에 쓴 약이 병에는 좋다

예 입에 쓴 약이 병에는 좋다고, 네 건강을 위해서 골고루 먹으라는 거야.

어휘 뜻 확인하기

1 다음 그림을 보고, 빈칸에 들어갈 알맞은 낱말을 보기 에서 찾아 써 보세요.

보기

실패　　포기　　성장　　성적

제가 회장이 되면 학생들이 원하는 분야에서 마음껏 [　　]하도록 돕겠습니다.

➡ _____

2 '발달'을 잘 사용했으면 ○표, 잘못 사용했으면 ✕표 해 보세요.

(1) 과학 기술의 발달은 인간의 삶을 편리하게 해 주었다. (　　)
(2) 옛날에는 의술이 발달해서 작은 병에도 쉽게 죽었다. (　　)

3 아래의 문장에서 빈칸에 들어갈 알맞은 말을 찾아 ○표 해 보세요.

(1) 더욱 노력해서 [　　]하는 사람이 되자.　[발생　발전]
(2) 나이가 들수록 기억력이 점점 [　　]한다.　[쇠퇴　조퇴]
(3) 이 기업은 최근 몇 년 사이에 국제적 기업으로 [　　]했다.　[발자취　발돋움]

4 밑줄 친 말을 보기 중 하나로 바꾸어 올바른 문장으로 고쳐 써 보세요.

보기

후퇴　　　　발달　　　　발돋움　　　　성장

그 기술은 더 발전하지 못하고 오히려 조금씩 <u>성공</u>하였다.

➡ _____

1 다음 그림처럼 '자기에 대한 꾸지람이나 조언이 당장은 듣기 싫지만, 그것을 잘 받아들이면 자기 발전과 발달에 좋다'는 뜻의 속담은 무엇일까요? (　　　)

① 입에 쓴 약이 병에는 좋다
② 달면 삼키고 쓰면 뱉는다
③ 물이 깊을수록 소리가 없다
④ 찬물도 위아래가 있다

2 어떤 분야의 발달과 관계된 그림인지 골라 보세요. (　　　)

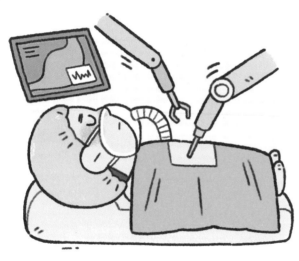

① 운동
② 음악
③ 의료
④ 농업

3 다음 글의 빈칸에 들어갈 낱말로 알맞은 것을 골라 보세요. (　　　)

우리나라 땅은 동쪽이 높고 서쪽이 낮은 모습을 하고 있습니다. 이러한 땅의 모양은 강의 흐름에도 영향을 주었습니다. 물은 높은 곳에서 낮은 곳으로 흐르기 때문에 우리나라 대부분의 강은 동쪽에서 시작해서 서쪽으로 흘러요. 보통 강의 아래쪽에 평야가 [　　　]하기 때문에 우리나라는 서쪽 강의 하류에 평야가 넓게 펼쳐져 있습니다.

① 발견　　　　　② 발표　　　　　③ 진달　　　　　④ 발달

사물

일 또는 물건
일과 물건을 아울러 이르는 말이에요.

어휘 뜻 익히기

1 위의 그림에서 사물이 더 또렷해 보인 이유는 무엇인가요? (　　　)

① 안경을 써서　　　　② 안경이 망가져서　　　　③ 안경을 벗어서　　　　④ 누나가 예뻐서

2 '사물'이라는 말이 무슨 뜻일지 짐작해 보고, 알맞은 것에 ○표 해 보세요.

마음　　　　생각　　　　정신　　　　상상　　　　물건

3 낱말을 따라 쓰고, 소리 내어 읽어 보세요.

사 물

어휘망으로 확장하기

2주

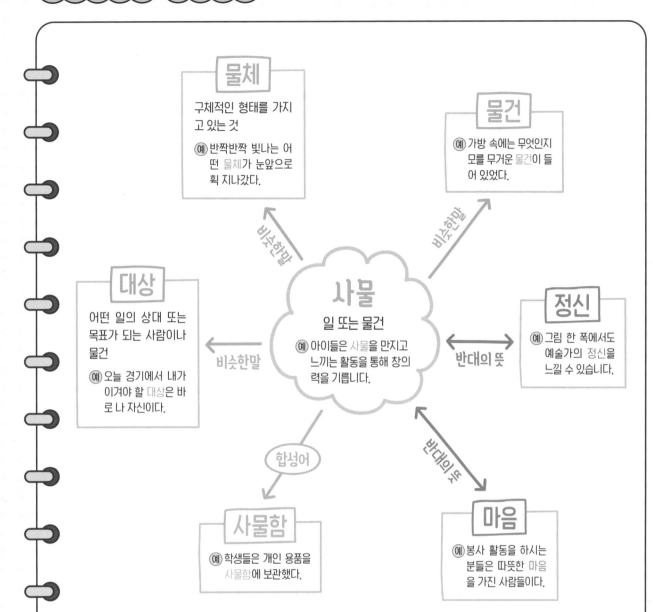

물체
구체적인 형태를 가지고 있는 것
(예) 반짝반짝 빛나는 어떤 물체가 눈앞으로 획 지나갔다.

비슷한말

물건
(예) 가방 속에는 무엇인지 모를 무거운 물건이 들어 있었다.

비슷한말

대상
어떤 일의 상대 또는 목표가 되는 사람이나 물건
(예) 오늘 경기에서 내가 이겨야 할 대상은 바로 나 자신이다.

비슷한말

사물
일 또는 물건
(예) 아이들은 사물을 만지고 느끼는 활동을 통해 창의력을 기릅니다.

반대의 뜻

정신
(예) 그림 한 폭에서도 예술가의 정신을 느낄 수 있습니다.

합성어

사물함
(예) 학생들은 개인 용품을 사물함에 보관했다.

반대의 뜻

마음
(예) 봉사 활동을 하시는 분들은 따뜻한 마음을 가진 사람들이다.

문장으로 확장하기

수박의 딱딱한 겉 부분만 핥고 있다는 뜻으로, 사물의 속 내용은 모르고 겉만 건드리는 일을 비유적으로 이르는 속담이에요.

속담
수박 겉 핥기

(예) 수박 겉 핥기식으로 그렇게 획획 제목만 읽고 넘어가면 어떡하니? 내용을 자세하게 안 보니까 시험에서 틀리잖아.

1 다음 그림을 보고, 빈칸에 들어갈 알맞은 낱말을 보기 에서 찾아 써 보세요.

보기

| 전체 | 정신 | 물체 | 물리 |

반짝반짝 빛나는 어떤 [   ](이)가 눈앞으로 획 지나갔다.

➡ _____

2 '사물'을 잘 사용했으면 ○표, 잘못 사용했으면 ✕표 해 보세요.

(1) 사진을 찍을 때는 카메라와 사물의 각도를 잘 잡아야 해. (   )
(2) 동물도 사물처럼 감정을 느낀다. (   )

3 아래의 문장에서 빈칸에 들어갈 알맞은 말을 찾아 ○표 해 보세요.

(1) 가방 속에는 무엇인지 모를 무거운 [   ]이 들어 있었다. | 조건 | 물건 |
(2) 오늘 경기에서 내가 이겨야 할 [   ]은 바로 나 자신이다. | 대상 | 대신 |
(3) 그림 한 폭에서도 예술가의 [   ]을 느낄 수 있습니다. | 정신 | 사물 |

4 밑줄 친 말을 보기 중 하나로 바꾸어 올바른 문장으로 고쳐 써 보세요.

보기

| 물건 | 물체 | 마음 | 걸음 |

봉사 활동을 하시는 분들은 따뜻한 대상을 가진 사람들이다.

➡ _____

1 다음 그림처럼 '사물의 속 내용은 모르고 겉만 건드린다'는 뜻을 가진 속담은 무엇인가요?

( )

① 가재는 게 편
② 약방에 감초
③ 시작이 반이다
④ 수박 겉 핥기

2 엄마가 할 생각으로 적절한 것을 골라 보세요. ( )

① 물건들을 만지지 않네.
② 여러 사물을 만지면서 창의력이 커지겠지.
③ 언제쯤 앉게 될까?
④ 여러 사물을 만지면 불안해할 거야.

3 다음 글의 빈칸에 들어갈 낱말로 알맞은 것을 골라 보세요. ( )

> 망원경은 1608년 네덜란드의 안경 제조자였던 '한스 리페르헤이'에 의해 발명되었습니다. 그는 우연히 안경용 볼록렌즈와 오목렌즈를 겹쳐서 [ ]을 보다가 멀리 있는 교회의 탑이 가깝고 크게 보이는 것을 알게 되었고, 이 원리를 이용하여 망원경을 만들었다고 전해집니다.

① 사업   ② 사물   ③ 사연   ④ 사실

상관

관계있음
둘 이상의 사람, 사물, 현상이 서로 관계를 맺고 있거나 그러한 관계를 나타내는 말이에요.

어휘 뜻 익히기

1 위의 그림에서 허리 부분이 고무줄로 된 바지가 편한 이유는 무엇일까요? (   )

① 디자인이 예뻐서   ② 엄마만 입을 수 있어서

③ 길이가 짧아서   ④ 크기에 상관없이 입을 수 있어서

2 '상관'이라는 말이 무슨 뜻일지 짐작해 보고, 알맞은 것에 ○표 해 보세요.

무시하다   의미 없다   관계있다   지나가다   생각하다

3 낱말을 따라 쓰고, 소리 내어 읽어 보세요.

상	관						

어휘망으로 확장하기

2주

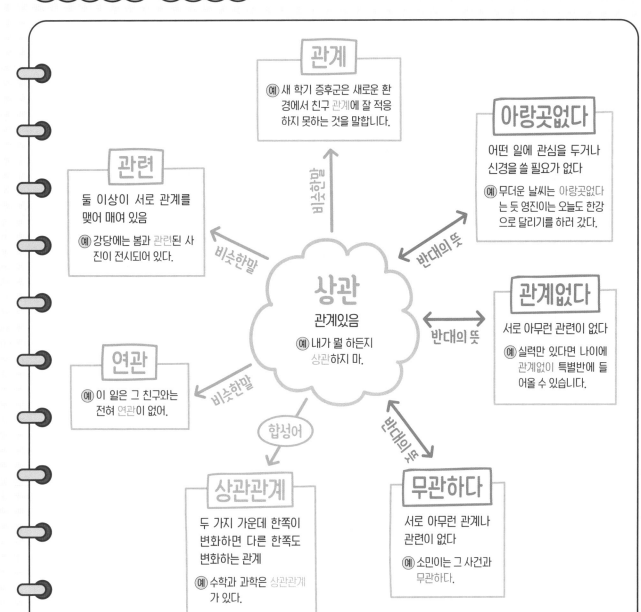

관계

㉖ 새 학기 증후군은 새로운 환경에서 친구 관계에 잘 적응하지 못하는 것을 말합니다.

아랑곳없다

어떤 일에 관심을 두거나 신경을 쓸 필요가 없다

㉖ 무더운 날씨는 아랑곳없다는 듯 영진이는 오늘도 한강으로 달리기를 하러 갔다.

관련

둘 이상이 서로 관계를 맺어 매여 있음

㉖ 강당에는 봄과 관련된 사진이 전시되어 있다.

상관
관계있음

㉖ 내가 뭘 하든지 상관하지 마.

비슷한말

반대의 뜻

반대의 뜻

관계없다

서로 아무런 관련이 없다

㉖ 실력만 있다면 나이에 관계없이 특별반에 들어올 수 있습니다.

연관

㉖ 이 일은 그 친구와는 전혀 연관이 없어.

비슷한말

합성어

반대의 뜻

상관관계

두 가지 가운데 한쪽이 변화하면 다른 한쪽도 변화하는 관계

㉖ 수학과 과학은 상관관계가 있다.

무관하다

서로 아무런 관계나 관련이 없다

㉖ 소민이는 그 사건과 무관하다.

문장으로 확장하기

자기가 남에게 말이나 행동을 좋게 하여야 남도 자기에게 좋게 한다는 뜻으로, 다른 사람의 태도는 자기 태도와 관련이 있다는 속담이에요.

속담
가는 말이 고와야 오는 말이 곱다

㉖ 가는 말이 고와야 오는 말이 곱다고 언니는 언제나 사람들에게 친절하게 말해서 다른 사람들도 언니에게 좋은 말만 한다.

1 다음 그림을 보고, 빈칸에 들어갈 알맞은 낱말을 보기 에서 찾아 써 보세요.

보기

| 관심 | 관광 | 관절 | 관련 |

형은 어제 일어난 사건과 아무 [ ]이 없 어요.

➡ _____

2 '상관'을 잘 사용했으면 ○표, 잘못 사용했으면 ✕표 해 보세요.

(1) 오빠는 경고를 상관하고 계곡에 들어갔다가 사고를 당했어. (　　　)

(2) 내가 뭘 하든지 상관하지 마. (　　　)

3 아래의 문장에서 빈칸에 들어갈 알맞은 말을 찾아 ○표 해 보세요.

(1) 서로 경쟁하던 두 선수는 시간이 지나 친구 [ ]가 되었다. 　관심　관계

(2) 내가 하는 일에 [ ]하지 않았으면 좋겠어. 　상관　의견

(3) 무더운 날씨는 [ ]는 듯 영진이는 오늘도 한강으로 달리기를 하러 갔다.

아랑곳없다　대단하다

4 밑줄 친 말을 보기 중 하나로 바꾸어 올바른 문장으로 고쳐 써 보세요.

보기

| 뛰어나게 | 굉장하게 | 무관하게 | 상상하게 |

학생 회장은 선생님과는 상관 있게 학생들만의 투표로 뽑는다.

➡ _____

1 다음 그림에 어울리는 속담은 무엇인가요? (   )

알았어. 앞으로는 누나랑 형한테 좋은 말만 할게.

2주

① 가는 말이 고와야 오는 말이 곱다
② 천 리 길도 한 걸음부터
③ 호박이 굴렀다
④ 말이 씨가 된다

2 다음 그림에서 아이들의 말과 같은 내용을 골라 보세요. (   )

우리 팀이 이번 경기까지 계속 이겨서 다음 경기 결과와 상관없이 우리 팀은 16강에 올라가게 됐어.

① 우리 팀은 다음 경기에 져도 16강에 올라간다.
② 우리 팀은 다음 경기에 이겨야만 16강에 올라간다.
③ 다음 경기에 강팀을 만나서 이기기 어려울 것 같다.
④ 우리 팀이 계속 질까 봐 걱정이다.

3 다음 글의 빈칸에 들어갈 낱말로 알맞지 <u>않은</u> 것을 골라 보세요. (   )

새들과 네발 동물들의 싸움이 한참일 때 새들의 우두머리가 박쥐를 찾아왔어요.
"박쥐야, 우리와 함께 네발 동물들과 싸우자." 박쥐는 날개를 숨기고 말했어요.
"난 네발 동물들처럼 새끼를 낳는걸. 새처럼 알을 낳지 않아. 난 너희와 아무 [   ](이)가 없으니 돌아가 줄래?"
박쥐는 아무래도 힘이 센 네발 동물들이 이길 것 같아서 새 편을 들지 않았어요.

① 관련   ② 상관   ③ 관계   ④ 무관

상상

마음속에 그리는 것

실제로 경험하지 않은 일이나 물건, 사람 등에 대하여 마음속으로 그려 보는 것을 뜻하는 말이에요.

어휘 뜻 익히기

1 위의 그림에서 형이 상상하지 **않은** 것은 무엇인가요? (   )

① 과자로 만든 집   ② 하늘 날아다니기   ③ 투명 망토   ④ 열심히 공부하기

2 '상상'이라는 말이 무슨 뜻일지 짐작해 보고, 알맞은 것에 ○표 해 보세요.

마음속에 그리는 것   실제로 일어나는 일   금지된 일   잘 못하는 것

3 낱말을 따라 쓰고, 소리 내어 읽어 보세요.

상	상						

어휘망으로 확장하기

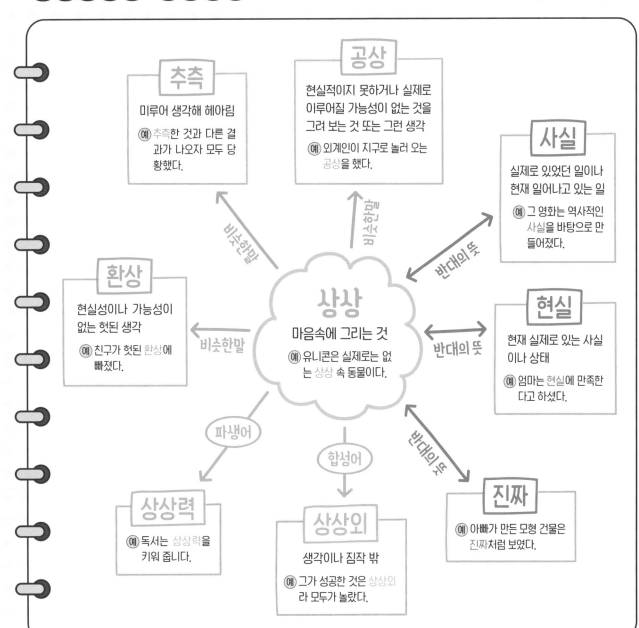

추측
미루어 생각해 헤아림
예 추측한 것과 다른 결과가 나오자 모두 당황했다.

공상
현실적이지 못하거나 실제로 이루어질 가능성이 없는 것을 그려 보는 것 또는 그런 생각
예 외계인이 지구로 놀러 오는 공상을 했다.

사실
실제로 있었던 일이나 현재 일어나고 있는 일
예 그 영화는 역사적인 사실을 바탕으로 만들어졌다.

환상
현실성이나 가능성이 없는 헛된 생각
예 친구가 헛된 환상에 빠졌다.

상상
마음속에 그리는 것
예 유니콘은 실제로는 없는 상상 속 동물이다.

현실
현재 실제로 있는 사실이나 상태
예 엄마는 현실에 만족한다고 하셨다.

상상력
예 독서는 상상력을 키워 줍니다.

상상외
생각이나 짐작 밖
예 그가 성공한 것은 상상외라 모두가 놀랐다.

진짜
예 아빠가 만든 모형 건물은 진짜처럼 보였다.

비슷한말 · 반대의 뜻 · 파생어 · 합성어

문장으로 확장하기

속담

꿈도 꾸기 전에 해몽

예 꿈도 꾸기 전에 해몽한다더니, 이제 자기소개서를 쓰기 시작했으면서 그 학교 근처의 맛있는 식당을 알아보는 거니? 아직 결과 발표가 나기 한참 전이야.

어떻게 될지도 모르는 일을 미리부터 자기 마음대로 상상하고 기대한다는 말이에요.

어휘 뜻 확인하기

1 다음 그림을 보고, 빈칸에 들어갈 알맞은 낱말을 **보기** 에서 찾아 써 보세요.

보기

경험	현실	공상	체험

외계인이 지구로 놀러 오는 [   ]을 했다.

➡ _____

2 '상상'을 잘 사용했으면 ○표, 잘못 사용했으면 ✕표 해 보세요.

(1) 미래에 어떤 일이 일어날지 상상해 보자. (   )

(2) 기사는 취재한 내용을 상상한 그대로 전달하는 글이다. (   )

3 아래의 문장에서 빈칸에 들어갈 알맞은 말을 찾아 ○표 해 보세요.

(1) 독서는 [   ](을)를 키워 줍니다.　| 상상력 | 상상외 |

(2) [   ]한 것과 다른 결과가 나오자 모두 당황했다.　| 규칙 | 추측 |

(3) 아빠가 만든 모형 건물은 [   ]처럼 보였다.　| 진리 | 진짜 |

4 밑줄 친 말을 **보기** 중 하나로 바꾸어 올바른 문장으로 고쳐 써 보세요.

보기

환상	공상	사실	상상

그 소설은 역사적인 예상을 바탕으로 쓰였다.

➡ _____

1 다음 그림에 어울리는 속담은 무엇인가요? (   )

① 웃는 집에 복이 있다
② 남의 말도 석 달
③ 공든 탑이 무너지랴
④ 꿈도 꾸기 전에 해몽

2 말풍선의 빈칸에 이어질 말로 적절한 것을 골라 보세요. (   )

① 내가 상상한 것을 영화로 만들고 싶어.
② 이 영화 정말 지루하다.
③ 내 연기가 정말 멋진걸?
④ 영화는 현실적이라서 만들 수 없어.

3 다음 글의 빈칸에 들어갈 낱말로 알맞은 것을 골라 보세요. (   )

추위를 피해 골목길의 한구석에 앉은 안나는 손이라도 녹이려고 성냥불을 켰어요. 그런데 성냥 하나를 켤 때마다 신기하게도 안나가 마음속으로 늘 [   ]해 왔던 따뜻한 난로, 화려한 음식, 크리스마스트리가 차례로 나타나기 시작했어요. 하지만 성냥불이 꺼지면 그 행복한 풍경도 곧 사라져 버렸지요.

① 상상   ② 사실   ③ 현실   ④ 현재

확인 학습

1 다음 문장에 들어갈 알맞은 낱말을 보기 에서 찾아 써 보세요.

> **보기**
>
> | 사물 | 추측 | 반대 | 상관 |

누가 알든 말든 _____ 없이 언제나 옳은 일을 할 것이다.

2 '상상'을 잘 사용했으면 ○표, 잘못 사용했으면 ×표 해 보세요.

(1) 불을 뿜는 용은 상상의 동물이다. (　　　)

(2) 역사책은 역사적 상상만 기록한 책이다. (　　　)

3 아래의 문장에서 빈칸에 들어갈 알맞은 말을 찾아 ○표 해 보세요.

(1) 주민들의 [　　　] 로 마을에 공장이 들어서지 못했다.　| 반발 | 출발 |

(2) 개울이 가로막고 있어서 [　　　] 쪽으로 갈 수 없다.　| 반지 | 반대 |

(3) 말과 행동이 [　　　] 해야 사람들에게 믿음을 준다.　| 일치 | 일반 |

4 밑줄 친 말을 보기 중 하나로 바꾸어 올바른 문장으로 고쳐 써 보세요.

> **보기**
>
> | 출발 | 돌발 | 전달 | 발달 |

우리나라의 인터넷 기술은 몇 년 사이에 매우 눈부시게 <u>후퇴</u>했다.

➡ _____

5 다음 문장의 순서가 바르게 되도록 다시 써 보세요. (답 2개)

> | 눈과 코, 귀 등으로　/　여러 가지　/　느껴 보았다.　/　사물을 |

➡ _____

'어떻게 될지도 모르는 일을 미리부터 자기 마음대로 상상하고 기대한다'는 뜻을 가진 속담은 무엇일까요? (   )

① 수박 겉 핥기

② 꿈도 꾸기 전에 해몽

③ 꿈에 넋두리로 안다

④ 쇠라도 맞부딪쳐야 소리가 난다

 다음 그림에서 누나는 동생의 어떤 행동을 반대하고 있는지 골라 보세요. (   )

① 잘 먹지 않는 것

② 건강에 좋은 음식을 먹는 것

③ 너무 많이 먹는 것

④ 음식을 나눠 주지 않는 것

 다음 글의 빈칸에 들어갈 낱말로 알맞은 것을 골라 보세요. (   )

다부진 체구와 강한 인상을 지닌 핏불테리어는 '악마견', 긴 털과 웃는 얼굴의 레트리버는 '천사견'이라는 별명이 있듯, 개 품종에 따라 고유의 성격이 있다고 알려져 있습니다. 그런데 개 품종과 개의 성격은 서로 [   ]이 없다는 연구 결과가 세계적 학술지 「사이언스」에 실렸습니다.

① 상관   ② 상식   ③ 상상   ④ 상징

성공

이룸
목적으로 삼은 것이나, 원하는 것을 이룬다는 뜻
이에요.

어휘 뜻 익히기

1) 위의 그림에서 지호는 무엇을 시도했나요? (   )

① 멀리 날아가기   ② 스타일 변신 성공하기   ③ 이름 맞히기   ④ 웃음 참기

2) '성공'이라는 말이 무슨 뜻일지 짐작해 보고, 알맞은 것에 ○표 해 보세요.

| 망함 | | 버림 | | 채움 | | 이룸 | | 모둠 |

3) 낱말을 따라 쓰고, 소리 내어 읽어 보세요.

| 성 | 공 | | | | | | | |

어휘망으로 확장하기

성과
이루어 낸 결실
예 고모는 큰 성과를 올리고 회사에서 인정받았습니다.

출세
사회적으로 높은 지위에 오르거나 유명해지는 것
예 공부를 출세의 수단으로만 생각하는 것은 옳지 않다.

실패
예 성공한 사람들은 대부분 실패를 극복하기 위해서 엄청난 노력을 했다.

이루다
뜻한 대로 결과를 얻다
예 나는 축구 선수가 되고 싶다는 꿈을 이루었다.

성공
이룸
예 유진이는 마라톤 완주에 성공했다.

망하다
예 고구려가 망하자, 남은 백성들은 대조영을 중심으로 힘을 모아 발해를 세웠어요.

성공적
예 한 시간 만에 수술이 성공적으로 끝났다.

성공률
어떤 일을 이룰 수 있는 정도
예 언니는 마술을 끊임없이 연습해서 성공률을 높였다.

성공리
일이 성공적으로 잘되는 가운데
예 국민들의 적극적인 응원으로 올림픽이 성공리에 열렸다.

대성공
예 그 배우는 처음 출연한 영화의 대성공으로 세계적인 스타가 되었다.

비슷한말 · 반대의 뜻 · 파생어

문장으로 확장하기

속담 우물을 파도 한 우물을 파라

예 다른 사람을 따라서 이것저것 하지 말고, 네가 제일 좋아하는 일을 찾아보렴. 우물을 파도 한 우물을 파야 한단다.

일을 너무 벌여 놓거나 하던 일을 자주 바꾸면 아무런 성과가 없으니, 어떠한 일이든 한 가지 일을 끝까지 해야 성공할 수 있다는 속담이에요.

3주

1 다음 그림을 보고, 빈칸에 들어갈 알맞은 낱말을 보기에서 찾아 써 보세요.

보기

| 대실패 | 대성공 | 대표적 | 대단히 |

그 배우는 처음 출연한 영화의 [   ](으)로 세계적인 스타가 되었다.

➡ _____

2 '성공'을 잘 사용했으면 ○표, 잘못 사용했으면 ✕표 해 보세요.

(1) 한 시간 만에 끝난 그의 수술은 성공적이었다. (   )

(2) 죄수는 탈출에 성공하여 다시 감옥으로 들어왔다. (   )

3 아래의 문장에서 빈칸에 들어갈 알맞은 말을 찾아 ○표 해 보세요.

(1) 공부를 [   ]의 수단으로만 생각하는 것은 옳지 않다. 출발 / 출세

(2) 고모는 큰 [   ](을)를 올리고 회사에서 인정받았습니다. 성과 / 성실

(3) 나는 축구 선수가 되고 싶다는 꿈을 [   ]. 이겼다 / 이루었다

4 밑줄 친 말을 보기 중 하나로 바꾸어 올바른 문장으로 고쳐 써 보세요.

보기

| 성과 | 실내 | 실패 | 방패 |

성공한 사람들은 대부분 출세를 극복하기 위해서 엄청난 노력을 했다.

➡ _____

실전 문제 풀이

1 다음 그림에 가장 잘 어울리는 속담은 무엇인가요? (   )

① 가는 날이 장날
② 누워서 떡 먹기
③ 가재는 게 편
④ 우물을 파도 한 우물을 파라

2 다음 그림에서 박사는 무엇을 성공했는지 골라 보세요. (   )

① 새로운 병의 이름 찾기
② 병을 치료하는 약 개발하기
③ 병을 볼 수 있는 안경 만들기
④ 병을 수술하는 기구 개발하기

3 다음 글의 빈칸에 들어갈 낱말로 알맞은 것을 골라 보세요. (   )

> 당나귀, 강아지, 고양이, 수탉은 한꺼번에 큰 소리로 울기 시작했어요.
> "히힝, 히힝. 멍멍, 멍멍. 야옹, 야옹. 꼬끼오, 꼬끼오!"
> "으악, 괴물이다!"
> 괴상한 소리에 놀란 도둑들은 모두 도망치고 말았습니다.
> "우아! ⬜ 했어. 우리 브레멘 음악대가 힘을 합쳐 도둑들을 물리쳤어! 이제 이 오두막은 우리 차지야."

① 성공   ② 실패   ③ 성장   ④ 실망

의미

뜻
❶ 말이나 글, 기호 등이 나타내는 뜻
❷ 어떤 일, 행동, 일어난 일 등에 숨어 있는 속뜻

어휘 뜻 익히기

1 위의 그림에서 "잘하고 있구나"라는 엄마의 말은 어떤 의미일까요? (   )

① 게임 실력이 좋구나.　　　　　　　　② 공부를 열심히 하는구나.
③ 게임과 공부를 모두 잘하는구나.　　　④ 게임을 너무 많이 하는구나.

2 '의미'라는 말이 무슨 뜻일지 짐작해 보고, 알맞은 것에 ○표 해 보세요.

| 글 | | 책 | | 붓 | | 법 | | 뜻 |

3 낱말을 따라 쓰고, 소리 내어 읽어 보세요.

의미

어휘망으로 확장하기

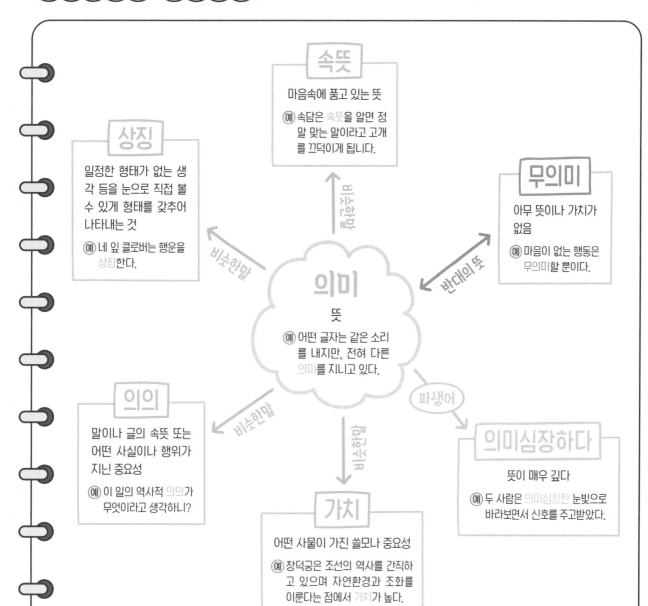

속뜻

마음속에 품고 있는 뜻

(예) 속담은 속뜻을 알면 정말 맞는 말이라고 고개를 끄덕이게 됩니다.

상징

일정한 형태가 없는 생각 등을 눈으로 직접 볼 수 있게 형태를 갖추어 나타내는 것

(예) 네 잎 클로버는 행운을 상징한다.

무의미

아무 뜻이나 가치가 없음

(예) 마음이 없는 행동은 무의미할 뿐이다.

비슷한말

비슷한말

반대의 뜻

의미

뜻

(예) 어떤 글자는 같은 소리를 내지만, 전혀 다른 의미를 지니고 있다.

의의

말이나 글의 속뜻 또는 어떤 사실이나 행위가 지닌 중요성

(예) 이 일의 역사적 의의가 무엇이라고 생각하니?

비슷한말

비슷한말

파생어

의미심장하다

뜻이 매우 깊다

(예) 두 사람은 의미심장한 눈빛으로 바라보면서 신호를 주고받았다.

가치

어떤 사물이 가진 쓸모나 중요성

(예) 창덕궁은 조선의 역사를 간직하고 있으며 자연환경과 조화를 이룬다는 점에서 가치가 높다.

3주

문장으로 확장하기

속담 말 뒤에 말이 있다

(예) 말 뒤에 말이 있다고, 그 시에는 시대를 반영하는 숨은 뜻이 많았다.

말에는 겉으로 드러나지 않는 의미가 있다는 뜻이에요.

어휘 뜻 확인하기

1 다음 그림을 보고, 빈칸에 들어갈 알맞은 낱말을 보기 에서 찾아 써 보세요.

보기

가치	가능	위치	일치

우리나라의 아름다운 자연은 외국인에게 자랑할 만한 _____(이)가 있다.

➡ _____

2 '의미'를 잘 사용했으면 ○표, 잘못 사용했으면 ✕표 해 보세요.

(1) 이 책은 크고 진한 글씨체를 의미해서 읽기 편하다. (   )

(2) 어떤 글자는 같은 소리를 내지만, 전혀 다른 의미를 가지고 있다. (   )

3 아래의 문장에서 빈칸에 들어갈 알맞은 말을 찾아 ○표 해 보세요.

(1) 야구는 각각의 팀을 _____하는 캐릭터가 있다. [상속 | 상징]

(2) 이 일의 역사적 _____가 무엇이라고 생각하니? [의의 | 의리]

(3) 마음이 없는 행동은 _____할 뿐이다. [무의미 | 의미]

4 밑줄 친 말을 보기 중 하나로 바꾸어 올바른 문장으로 고쳐 써 보세요.

보기

선뜻	겉뜻	속뜻	산뜻

속담은 <u>언뜻</u>을 알면 정말 맞는 말이라고 고개를 끄덕이게 됩니다.

➡ _____

① '말에는 겉으로 드러나지 않는 의미가 있다'는 뜻의 속담은 무엇일까요? (　　　)

　① 하룻강아지 범 무서운 줄 모른다

　② 소 잃고 외양간 고친다

　③ 말 뒤에 말이 있다

　④ 말 위에 말을 얹는다

② 다음 그림의 아이는 무엇을 공부하고 있는지 골라 보세요. (　　　)

　① 발음은 같고, 의미가 다른 글자　　　　② 의미는 같고, 발음이 다른 글자

　③ 각각 반대의 의미를 가진 글자　　　　④ 발음이 다양한 글자

③ 다음 글의 빈칸에 들어갈 낱말로 알맞은 것을 골라 보세요. (　　　)

> 여우는 어린 왕자에게 길들인다는 것의 [　　　]를 설명했다.
> "길들인다는 건 서로 필요하게 된다는 말이야. 넌 나에게 이 세상에 단 하나밖에 없는 사람이
> 될 테니까. 나에게는 아무 소용이 없는 누런 밀밭을 봐도 아름다운 금빛 머리카락을 가진 너를
> 떠올리게 되겠지."

　① 장미　　　　　　② 의미　　　　　　③ 이미　　　　　　④ 무의미

자연

저절로 이루어짐
❶ 사람의 힘이 더해지지 않고, 스스로 있거나 저절로 이루어지는 상태
❷ 사람의 힘이 더해지지 않고 저절로 생겨난 산, 바다 등의 환경

어휘 뜻 익히기

① 위의 그림에서 아빠가 자연스럽게 웃은 이유는 무엇일까요? (   )

① 딸이 넘어져서   ② 딸을 보니 기분이 좋아서
③ 회사에서 좋은 일이 있어서   ④ 집에 오니 힘들어서

② '자연'이라는 말이 무슨 뜻일지 짐작해 보고, 알맞은 것에 ○표 해 보세요.

[일부러]   [만들어]   [저절로]   [어색한]   [굳이]

③ 낱말을 따라 쓰고, 소리 내어 읽어 보세요.

자	연							

어휘망으로 확장하기

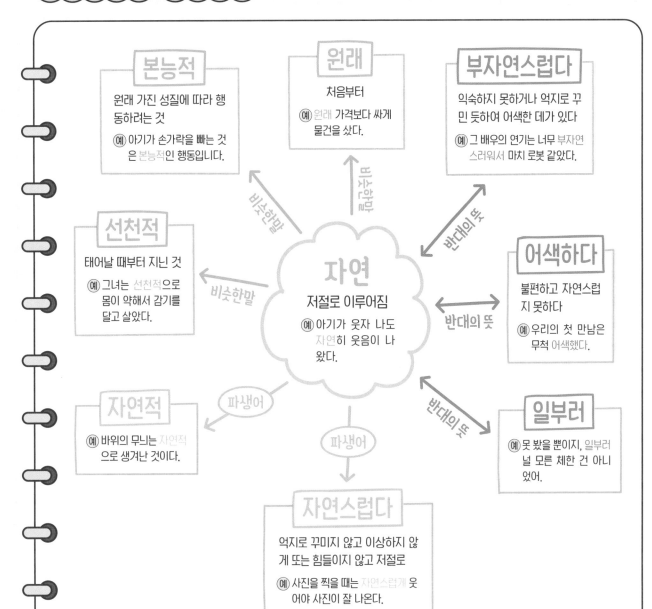

본능적

원래 가진 성질에 따라 행동하려는 것

(예) 아기가 손가락을 빠는 것은 본능적인 행동입니다.

원래

처음부터

(예) 원래 가격보다 싸게 물건을 샀다.

부자연스럽다

익숙하지 못하거나 억지로 꾸민 듯하여 어색한 데가 있다

(예) 그 배우의 연기는 너무 부자연스러워서 마치 로봇 같았다.

선천적

태어날 때부터 지닌 것

(예) 그녀는 선천적으로 몸이 약해서 감기를 달고 살았다.

자연

저절로 이루어짐

(예) 아기가 웃자 나도 자연히 웃음이 나왔다.

어색하다

불편하고 자연스럽지 못하다

(예) 우리의 첫 만남은 무척 어색했다.

자연적

(예) 바위의 무늬는 자연적으로 생겨난 것이다.

일부러

(예) 못 봤을 뿐이지, 일부러 널 모른 체한 건 아니었어.

자연스럽다

억지로 꾸미지 않고 이상하지 않게 또는 힘들이지 않고 저절로

(예) 사진을 찍을 때는 자연스럽게 웃어야 사진이 잘 나온다.

비슷한말
비슷한말
반대의 뜻
비슷한말
파생어
파생어
반대의 뜻
반대의 뜻

3주

문장으로 확장하기

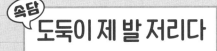

(속담) 도둑이 제 발 저리다

(예) 도둑이 제 발 저린다더니, 범인은 경찰차를 보자마자 도망갔대. 수상하게 움직여서 오히려 경찰에 붙잡힌 거지.

지은 죄가 있으면 자연히 마음이 조마조마해지는 것을 비유적으로 이르는 말이에요.

1 다음 그림을 보고, 빈칸에 들어갈 알맞은 낱말을 **보기** 에서 찾아 써 보세요.

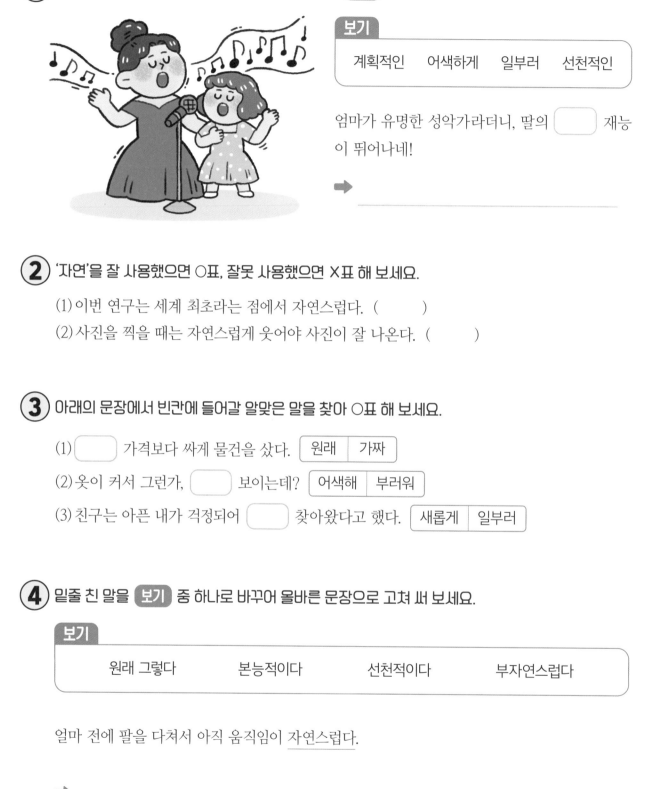

보기

| 계획적인 | 어색하게 | 일부러 | 선천적인 |

엄마가 유명한 성악가라더니, 딸의 ⬚ 재능
이 뛰어나네!

➡ _____

2 '자연'을 잘 사용했으면 ○표, 잘못 사용했으면 ✕표 해 보세요.

(1) 이번 연구는 세계 최초라는 점에서 자연스럽다. (　　)
(2) 사진을 찍을 때는 자연스럽게 웃어야 사진이 잘 나온다. (　　)

3 아래의 문장에서 빈칸에 들어갈 알맞은 말을 찾아 ○표 해 보세요.

(1) ⬚ 가격보다 싸게 물건을 샀다. | 원래 | 가짜 |
(2) 옷이 커서 그런가, ⬚ 보이는데? | 어색해 | 부러워 |
(3) 친구는 아픈 내가 걱정되어 ⬚ 찾아왔다고 했다. | 새롭게 | 일부러 |

4 밑줄 친 말을 **보기** 중 하나로 바꾸어 올바른 문장으로 고쳐 써 보세요.

보기

| 원래 그렇다 | 본능적이다 | 선천적이다 | 부자연스럽다 |

얼마 전에 팔을 다쳐서 아직 움직임이 <u>자연스럽다</u>.

➡ _____

실전 문제 풀이

1 다음 그림이 뜻하는 속담은 무엇인가요? (　　)

① 달도 차면 기운다
② 백지장도 맞들면 낫다
③ 도둑이 제 발 저리다
④ 발 없는 말이 천 리 간다

2 지훈이가 누나에게 뭐라고 대답할지 골라 보세요. (　　)

① 누나는 이 책을 일부러 보는 거지?
② 여러 번 들었더니 자연스럽게 외워 졌어.
③ 이 노래는 원래 따라 부를 수 없어.
④ 누나, 내 춤은 진짜 어색해.

3 다음 글의 빈칸에 들어갈 낱말로 알맞은 것을 골라 보세요. (　　)

> 소금 장수의 소금을 옮기던 당나귀는 실수로 강물에 빠졌고, 물에 빠지면 짐이 가벼워진다는 것을 알았어요. 그다음부터 당나귀는 일부러 강물에 빠졌어요.
> '이번에도 물에 빠졌다 나오면 짐이 가벼워지겠지?'
> 당나귀는 발을 헛디딘 척하면서 ⬚ 연못에 풍덩 빠졌어요. 그런데 짐이 점점 더 무거워지는 것이 아니겠어요?

① 차례차례　　　② 우연히　　　③ 하나씩　　　④ 자연스럽게

3주

전체 | 모여서 이루어진 것
하나하나가 모여서 이루어진 것을 하나의 대상으로 삼을 때 바로 그것

어휘 뜻 익히기

1 위의 그림에서 합창 대회를 교실에서 하기로 한 이유는 무엇일까요? (   )

① 교실이 예쁘지 않아서

② 체육관이 공사 중이어서

③ 친구들에게 양보해야 해서

④ 체육관에 반 전체가 들어갈 수 있어서

2 '전체'라는 말이 무슨 뜻일지 짐작해 보고, 알맞은 것에 ○표 해 보세요.

하나씩 나뉜 것   모아서 버리는 것   각각 흩어진 것   모여서 이루어진 것

3 낱말을 따라 쓰고, 소리 내어 읽어 보세요.

전 체

어휘망으로 확장하기

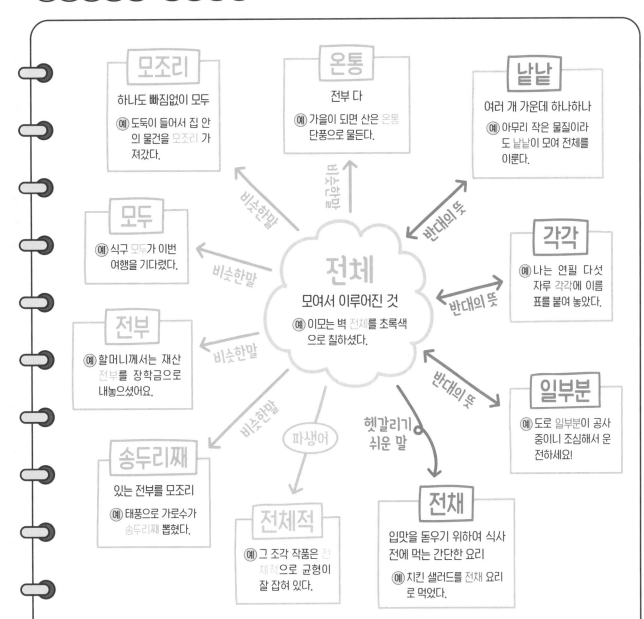

3주

모조리
하나도 빠짐없이 모두
(예) 도둑이 들어서 집 안의 물건을 모조리 가져갔다.

온통
전부 다
(예) 가을이 되면 산은 온통 단풍으로 물든다.

낱낱
여러 개 가운데 하나하나
(예) 아무리 작은 물질이라도 낱낱이 모여 전체를 이룬다.

모두
(예) 식구 모두가 이번 여행을 기다렸다.

전부
(예) 할머니께서는 재산 전부를 장학금으로 내놓으셨어요.

송두리째
있는 전부를 모조리
(예) 태풍으로 가로수가 송두리째 뽑혔다.

비슷한말

전체
모여서 이루어진 것
(예) 이모는 벽 전체를 초록색으로 칠하셨다.

반대의 뜻

각각
(예) 나는 연필 다섯 자루 각각에 이름표를 붙여 놓았다.

반대의 뜻

일부분
(예) 도로 일부분이 공사 중이니 조심해서 운전하세요!

파생어

전체적
(예) 그 조각 작품은 전체적으로 균형이 잘 잡혀 있다.

헷갈리기 쉬운 말

전채
입맛을 돋우기 위하여 식사 전에 먹는 간단한 요리
(예) 치킨 샐러드를 전채 요리로 먹었다.

문장으로 확장하기

속담
바늘구멍으로 하늘 보기

(예) 소개 글만 보고 이 작품을 다 아는 척한다니, 바늘구멍으로 하늘 본다는 게 딱 너를 두고 하는 말이구나.

조그만 구멍으로 넓디넓은 하늘을 본다는 뜻으로, 전체를 보지 못하는 매우 좁고 어리석은 생각을 나타내는 속담이에요.

어휘 뜻 확인하기

1 다음 그림을 보고, 빈칸에 들어갈 알맞은 낱말을 보기 에서 찾아 써 보세요.

짜안!!

보기

| 전체적 | 심리적 | 형식적 | 부분적 |

산은 [ ]으로 붉게 물들어 있었다.

➡ _____

2 '전체'를 잘 사용했으면 ○표, 잘못 사용했으면 ✕표 해 보세요.

(1) 전체를 세 모둠으로 나누어 연습해 보자. (   )
(2) 프로그램은 세 전체로 나뉘어 진행되었다. (   )

3 아래의 문장에서 빈칸에 들어갈 알맞은 말을 찾아 ○표 해 보세요.

(1) 식구 [   ](이)가 이번 여행을 기다렸다. | 모두 | 모습 |
(2) 할머니께서는 재산 [   ](을)를 대학의 장학금으로 내놓으셨어요. | 전달 | 전부 |
(3) 태풍으로 가로수가 [   ] 뽑혔다. | 송두리째 | 어째 |

4 밑줄 친 말을 보기 중 하나로 바꾸어 올바른 문장으로 고쳐 써 보세요.

보기

| 각각에 | 가짜로 | 굉장하게 | 예사롭게 |

나는 연필 다섯 자루 복잡하게 이름표를 붙여 놓았다.

➡ _____

1 다음 그림처럼 '조그만 구멍으로 넓은 하늘을 본다'는 뜻으로 전체를 보지 못하는 어리석은 생각을 나타내는 속담은 무엇일까요? (   )

① 바늘구멍으로 하늘 보기
② 손가락으로 하늘 찌르기
③ 하늘도 끝 갈 날이 있다
④ 여름 하늘에 소낙비

3주

2 다음 그림을 보고 마을 전체가 어떤 어려움에 빠졌을지 골라 보세요. (   )

① 홍수
② 태풍
③ 가뭄
④ 폭설

3 다음 글의 빈칸에 들어갈 낱말로 알맞은 것을 골라 보세요. (   )

"거위가 황금 알을 두 개씩 낳았으면 좋겠다. 그럼 금방 부자가 될 텐데."
농부의 욕심은 점점 더 커졌어요.
"거위의 배를 갈라 볼까? 분명 배 [   ]에 황금 알이 가득 차 있을 거야!"

① 전혀   ② 전체   ③ 전채   ④ 전달

절대

반드시
어떠한 경우에도 반드시 하거나 하지 않을 때 쓰는 말이에요.

어휘 뜻 익히기

1 위의 그림에서 지훈이가 절대 못 한다고 한 것은 무엇인가요? (   )

① 반성문 쓰기   ② 공부를 열심히 하는 것
③ 숙제를 조금만 하는 것   ④ 방학 숙제 다 하기

2 '절대'라는 말이 무슨 뜻일지 짐작해 보고, 알맞은 것에 ○표 해 보세요.

그대로   반대로   반드시   때때로   어쩌면

3 낱말을 따라 쓰고, 소리 내어 읽어 보세요.

절대

어휘망으로 확장하기

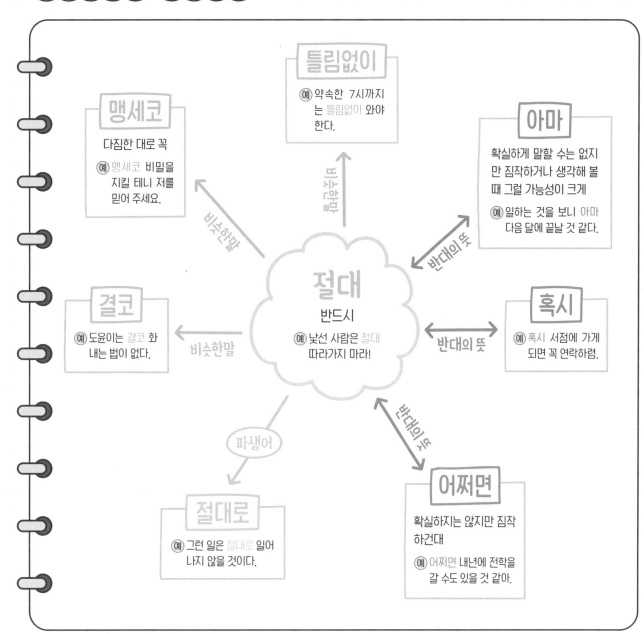

틀림없이
예 약속한 7시까지
는 틀림없이 와야
한다.

맹세코
다짐한 대로 꼭
예 맹세코 비밀을
지킬 테니 저를
믿어 주세요.

아마
확실하게 말할 수는 없지
만 짐작하거나 생각해 볼
때 그럴 가능성이 크게
예 일하는 것을 보니 아마
다음 달에 끝날 것 같다.

절대
반드시
예 낯선 사람은 절대
따라가지 마라!

결코
예 도윤이는 결코 화
내는 법이 없다.

혹시
예 혹시 서점에 가게
되면 꼭 연락하렴.

절대로
예 그런 일은 절대로 일어
나지 않을 것이다.

어쩌면
확실하지는 않지만 짐작
하건대
예 어쩌면 내년에 전학을
갈 수도 있을 것 같아.

비슷한말 / 반대의 뜻 / 파생어

3주

문장으로 확장하기

속담
약방에 감초*

예 김선수가 출전할 때마다 우리 학교 핸드볼 팀이
이기는 걸 보니, 김선수가 약방에 감초였다.

한약에 감초를 넣는 경우가
많아 한약방에는 감초가 반드시
있다는 데서 온 말로, 어떤 일에
절대 빠지지 않는 사람 또는
절대 빠지면 안 되는
물건을 뜻해요.

*감초: 보라색 꽃이 피는 식물로, 뿌리는 먹거나 약으로 씀.

1 다음 그림을 보고, 빈칸에 들어갈 알맞은 낱말을 보기 에서 찾아 써 보세요.

보기

| 원인 | 결코 | 결과 | 혹시 |

동물을 사랑하는 언니는 강아지가 사고를 쳐도 [ ] 화내는 법이 없다.

➡ _____

2 '절대'를 잘 사용했으면 ○표, 잘못 사용했으면 ✕표 해 보세요.

(1) 낯선 사람은 절대 따라가지 마라! (　　　)

(2) 길을 가다 절대로 초등학교 친구를 만났다. (　　　)

3 아래의 문장에서 빈칸에 들어갈 알맞은 말을 찾아 ○표 해 보세요.

(1) [ ] 비밀을 지킬 테니 저를 믿어 주세요.　| 대충 | 맹세코 |

(2) 약속한 7시까지는 [ ] 와야 한다.　| 어쩌면 | 틀림없이 |

(3) [ ] 서점에 가게 되면 꼭 연락하렴.　| 결코 | 혹시 |

4 밑줄 친 말을 보기 중 하나로 바꾸어 올바른 문장으로 고쳐 써 보세요.

보기

| 어쩌면 | 반드시 | 결코 | 수시로 |

<u>절대로</u> 내년에 전학을 갈 수도 있을 것 같아.

➡ _____

실전 문제 풀이

1 '어떤 일에 절대 빠지지 않는 사람 또는 절대 빠지면 안 되는 물건'을 뜻하는 속담은 무엇인가요?

(   )

① 개똥도 약에 쓰려면 없다

② 입에 쓴 약이 병에는 좋다

③ 쇠도 맞부딪쳐야 소리가 난다

④ 약방에 감초

3주

2 공원을 이용할 때 절대 하면 안 되는 일을 골라 보세요. (   )

① 어떤 꽃이 피었는지 관찰한다.

② 조깅하면서 쓰레기를 줍는다.

③ 예쁜 꽃이나 나무가 있으면 꺾어 온다.

④ 쓰레기는 가져오거나 쓰레기통에 버린다.

3 다음 글의 빈칸에 들어갈 낱말로 알맞은 것을 골라 보세요. (   )

> 제우스 신은 판도라에게 상자 하나를 주며 말했어요.
> "이것을 [   ] 열어서는 안 된다! 무슨 일이 있어도 지켜야 해."
> 상자에는 질병, 거짓말, 고통, 욕심 등 세상의 온갖 나쁜 것들이 숨겨져 있었지요. 하지만 이 사실을 모르는 판도라는 상자 안에 무엇이 들어있는지 너무 궁금했어요.

① 자주   ② 절대로   ③ 한 번씩   ④ 많이

1 다음 문장에 들어갈 알맞은 낱말을 보기 에서 찾아 써 보세요.

보기

개인	확신	아마	결코

웃는 걸 보니, 유진이는 _____ 좋은 방법이 생각났을 것이다.

2 '성공'을 잘 사용했으면 ○표, 잘못 사용했으면 ✗표 해 보세요.

(1) 언니는 마술을 끊임없이 연습해서 성공률을 높였다. (　　　)

(2) 태풍이 오는 바람에 사과 농사를 성공해서 큰일이야. (　　　)

3 아래의 문장에서 빈칸에 들어갈 알맞은 말을 찾아 ○표 해 보세요.

(1) 이 책은 하나밖에 없어서 역사적 ☐(이)가 매우 높다. | 가치 | 가격 |

(2) 그 시에서 꽃은 아름다운 사람이라는 ☐(으)로 쓰였다. | 의식 | 의미 |

(3) 비둘기는 일반적으로 평화를 ☐한다. | 상상 | 상징 |

4 밑줄 친 말을 보기 중 하나로 바꾸어 올바른 문장으로 고쳐 써 보세요.

보기

본능적인	지능적인	어색한	부자연스러운

배고픔은 인간의 <u>계획적인</u> 욕구입니다.

➡ _____

5 다음 문장의 순서가 바르게 되도록 다시 써 보세요. (답 2개)

칠하셨다. / 이모는 / 초록색으로 / 벽 전체를

➡ _____

종합 문제

 다음 그림이 의미하는 속담은 무엇인가요? (   )

하늘 천
땅 지

① 강아지 똥은 똥이 아닌가
② 도둑이 제 발 저리다
③ 바늘구멍으로 하늘 보기
④ 서당 개 삼 년에 풍월을 읊는다

 아빠가 아이에게 대답할 말로 가장 적절한 것을 골라 보세요. (   )

아빠, 바위의 무늬가
정말 신기해요!

① 멋진 바위의 무늬는 자연적으로 생
   겨난 것이란다.
② 축구 경기가 성공적으로 끝났구나!
③ 내일은 바다로 놀러 가자.
④ 이 소설에서 바위는 단단함을 상징하지.

 다음 글의 빈칸에 들어갈 낱말로 알맞은 것을 골라 보세요. (   )

도로시는 '딱, 딱, 딱' 뒤꿈치를 세 번 부딪치며 말했어요.
"캔자스의 우리 집으로 돌아가게 해 주세요."
그 순간 도로시는 하늘을 붕 날아올라 가족의 품으로 돌아왔어요.
"우아, ⬚했다. 토토, 우리가 다시 집으로 돌아왔어. 아주머니, 아저씨! 신기하고 멋
진 오즈에 다녀왔어요."

① 성공   ② 장난   ③ 실패   ④ 놀이

직접

바로

중간에 다른 사람이나 물건 등이 끼어들지 않고 바로 또는 바로 연결되는 관계를 나타낼 때 써요.

어휘 뜻 익히기

1 위의 그림에서 아이가 직접 경험해서 깨달은 것은 무엇인가요? (　　　)

① 동생을 가르치는 것　　　　　　　② 그릇이 깨지지 않게 조심하는 것

③ 컵은 깨지지 않는다는 것　　　　　④ 우유는 맛있다는 것

2 '직접'이라는 말이 무슨 뜻일지 짐작해 보고, 알맞은 것에 ○표 해 보세요.

알아서　　　　　함께　　　　　빌려서　　　　　바로　　　　　힘들게

3 낱말을 따라 쓰고, 소리 내어 읽어 보세요.

직 접

어휘망으로 확장하기

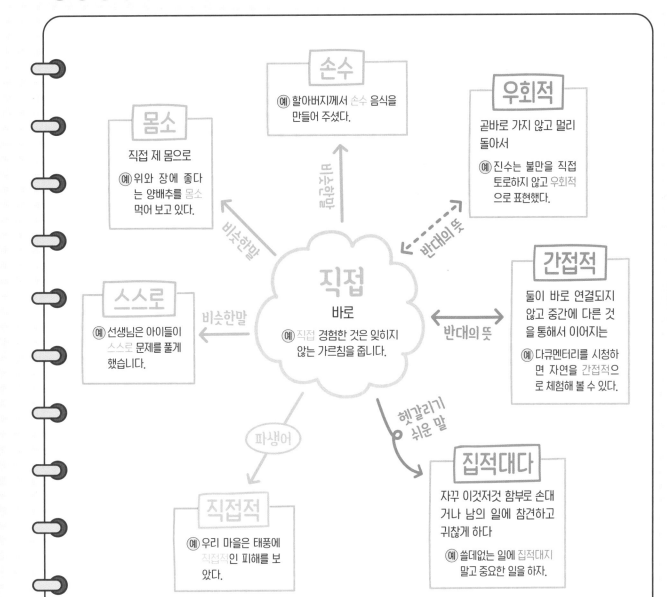

손수
(예) 할아버지께서 손수 음식을 만들어 주셨다.

몸소
직접 제 몸으로
(예) 위와 장에 좋다는 양배추를 몸소 먹어 보고 있다.

우회적
곧바로 가지 않고 멀리 돌아서
(예) 진수는 불만을 직접 토로하지 않고 우회적으로 표현했다.

비슷한말

비슷한말
스스로
(예) 선생님은 아이들이 스스로 문제를 풀게 했습니다.

비슷한말

반대의 뜻

직접
바로
(예) 직접 경험한 것은 잊히지 않는 가르침을 줍니다.

반대의 뜻
간접적
둘이 바로 연결되지 않고 중간에 다른 것을 통해서 이어지는
(예) 다큐멘터리를 시청하면 자연을 간접적으로 체험해 볼 수 있다.

헷갈리기 쉬운 말

파생어
직접적
(예) 우리 마을은 태풍에 직접적인 피해를 보았다.

집적대다
자꾸 이것저것 함부로 손대거나 남의 일에 참견하고 귀찮게 하다
(예) 쓸데없는 일에 집적대지 말고 중요한 일을 하자.

문장으로 확장하기

속담 하늘은 스스로 돕는 자를 돕는다

(예) 하늘은 스스로 돕는 자를 돕는다고 했어. 내가 열심히 연습하면 훌륭한 발레리나가 될 수 있을 거야.

하늘은 스스로 노력하는 사람을 성공하게 만든다는 뜻으로, 어떤 일을 이루기 위해서는 자신의 노력이 중요하다는 속담이에요.

어휘 뜻 확인하기

1 다음 그림을 보고, 빈칸에 들어갈 알맞은 낱말을 **보기** 에서 찾아 써 보세요.

보기

| 손길 | 손해 | 손수 | 손상 |

할아버지께서 ☐ 음식을 만들어 주셨다.

➡ _____

2 '직접'을 잘 사용했으면 ○표, 잘못 사용했으면 ✕표 해 보세요.

(1) 지수는 직접 그린 초상화를 나에게 선물했다. (   )

(2) 문구점은 대형마트 직접에서 오른쪽 골목으로 가면 있어요. (   )

3 아래의 문장에서 빈칸에 들어갈 알맞은 말을 찾아 ○표 해 보세요.

(1) 선생님은 아이들이 ☐ 문제를 풀게 했습니다. [스스로 | 별로]

(2) 우리 마을은 태풍에 ☐ 피해를 보았다. [집적대는 | 직접적인]

(3) 나에 대한 소문을 친구를 통해 ☐ 으로 전해 들었다. [간접적 | 직접적]

4 밑줄 친 말을 **보기** 중 하나로 바꾸어 올바른 문장으로 고쳐 써 보세요.

보기

| 본능적으로 | 사실로 | 간접적으로 | 절대적으로 |

다큐멘터리를 통해 실제로 가 보지 못한 세계를 <u>직접적으로</u> 경험할 수 있다.

➡ _____

1 '어떤 일을 이루기 위해서는 자신의 노력이 중요하다'는 뜻의 속담은 무엇일까요? (   )

① 하늘은 스스로 돕는 자를 돕는다
② 수박 겉 핥기
③ 빛 좋은 개살구
④ 하늘의 별 따기

2 다음 그림에서 아이가 쓰러진 할아버지를 위해 직접 할 수 있는 일을 골라 보세요. (   )

① 119에 전화하기
② 수술하기
③ 구급차 운전하기
④ 할아버지를 업고 뛰기

3 다음 글의 빈칸에 들어갈 낱말로 알맞은 것을 골라 보세요. (   )

> 강물이 녹색으로 변하는 녹조 현상이 심각한 문제인 이유는 그 안에 강력한 독을 가지고 있기 때문이다. 이 독은 암을 일으키고 인간의 간, 폐, 신경, 뇌를 공격하는 무서운 물질이다. 우리는 오염된 모습을 [   ] 보기 위해 장비를 갖추고 강 가까이 다가갔다. 진한 녹색 띠가 생겨난 강은 한눈에 보기에도 정상적인 강으로 보이지 않았다.

① 대접   ② 간접   ③ 직접   ④ 직진

4주

충분하다

넉넉하다
모자람 없이 넉넉한 것을
나타내는 말이에요.

어휘 뜻 익히기

1 위의 그림에서 충분하지 <u>못한</u> 것은 무엇인가요? (   )

① 아이의 영양 상태   ② 방울토마토의 물과 영양분

③ 방울토마토를 걱정하는 마음   ④ 방울토마토의 개수

2 '충분하다'라는 말이 무슨 뜻일지 짐작해 보고, 알맞은 것에 ○표 해 보세요.

모자라다   가볍다   넉넉하다   아쉽다   부족하다

3 낱말을 따라 쓰고, 소리 내어 읽어 보세요.

충 분 하 다

어휘망으로 확장하기

가득
예 바구니에 맛있는 사과가 가득했다.

넉넉하다
크기나 수 등이 기준에 차고도 남는다
예 식당이 커서 자리가 넉넉했다.

비슷한말

불충분
만족할 만큼 넉넉하지 않음
예 그 사람이 범인이라는 증거가 불충분하다.

반대의 뜻

충분하다
넉넉하다
예 많은 사람이 먹기에 충분한 음식이 준비되었다.

부족
예 화단의 식물은 영양이 부족해 잎이 말랐다.

반대의 뜻

만족
모자람이 없을 정도로 넉넉히 마음에 들다
예 소희는 마음에 쏙 드는 책을 발견하고 만족한 미소를 지었다.

비슷한말

헷갈리기 쉬운 말

반대의 뜻

모자라다
예 가뭄이 계속되어 논에 물이 모자란다고 합니다.

춘분
낮과 밤의 길이가 같다는 봄날로 24절기의 하나
예 오늘은 낮과 밤의 길이가 같은 춘분이다.

4주

문장으로 확장하기

속담
호미로 막을 것을 가래*로 막는다

예 호미로 막을 것을 가래로 막는다고, 이가 조금 아팠을 때 치과에 갔으면 지금 이렇게 큰 치료를 받지 않아도 됐을 텐데….

*가래: 흙을 파헤치거나 떠서 던지는 기구

적은 힘으로 충분히 처리할 수 있는데 쓸데없이 많은 힘을 들이는 경우나 일을 미리 처리하지 않다가 나중에 큰 힘을 들이게 되는 경우를 뜻해요.

1 다음 그림을 보고, 빈칸에 들어갈 알맞은 낱말을 **보기** 에서 찾아 써 보세요.

보기

| 조금 | 약간 | 가득 | 적게 |

바구니에 맛있는 사과가 [   ] 들어 있었다.

➡ _____

2 '충분하다'를 잘 사용했으면 ○표, 잘못 사용했으면 ✕표 해 보세요.

(1) 올해 가을걷이에 일손이 충분해서 큰일이다. (   )

(2) 많은 사람이 먹기에 충분한 음식이 준비되었다. (   )

3 아래의 문장에서 빈칸에 들어갈 알맞은 말을 찾아 ○표 해 보세요.

(1) 소희는 마음에 쏙 드는 책을 발견하고 [   ] 한 미소를 지었다. | 불만족 | 만족 |

(2) 식당이 커서 자리가 [   ] 했다. | 넉넉 | 불충분 |

(3) 물속의 산소가 [   ] 해서 물고기가 죽고 말았다. | 부족 | 충분 |

4 밑줄 친 말을 **보기** 중 하나로 바꾸어 올바른 문장으로 고쳐 써 보세요.

보기

| 만족한다고 | 모자란다고 | 넘친다고 | 알맞다고 |

가뭄이 계속되어 논에 물이 <u>충분하다고</u> 합니다.

➡ _____

실전 문제 풀이

1 다음 그림에 어울리는 속담은 무엇인가요? (   )

며칠 전 비가 조금 내릴 때 지붕을 고쳤어야 했는데….

① 호미로 막을 것을 가래로 막는다
② 군말이 많으면 쓸 말이 적다
③ 호랑이도 제 말 하면 온다
④ 돌다리도 두들겨 보고 건너라

2 다음 그림에서 친구들의 말을 읽고, 상자 안에 과자가 몇 개 있을지 골라 보세요. (   )

과자는 우리 3명이 하나씩 먹어도 충분할 만큼 있어.

2개씩 갖기에는 모자라.

나는 배불러서 1개만 먹을게! 그럼 딱 맞지.

① 1개
② 2개
③ 5개
④ 7개

3 다음 글의 빈칸에 들어갈 낱말로 알맞은 것을 골라 보세요. (   )

> 셋째 돼지는 비바람이 치거나 무서운 늑대가 와도 끄떡없는 집을 짓고 싶었어요. 그래서 땀을 뻘뻘 흘리며 차곡차곡 벽돌을 쌓고, 지붕을 만들어 안전하고 튼튼한 집을 만들었지요.
> "됐다! 이 정도면 [   ]. 이제 비바람이 쳐도, 늑대가 와도 하나도 무섭지 않아!"

① 모자라   ② 애매해   ③ 부족해   ④ 충분해

특징

특별히 눈에 띄는 점

다른 것에 비해 특별히 달라 눈에 띄는 점을 뜻하는 말이에요.

어휘 뜻 익히기

1 위의 그림에 나타난 청소년기의 특징은 무엇인가요? (   )

① 목소리가 변한다.   ② 귀엽다.   ③ 어린이날과 상관있다.   ④ 어른이다.

2 '특징'이라는 말이 무슨 뜻일지 짐작해 보고, 알맞은 것에 ○표 해 보세요.

똑같은 점   특별히 눈에 띄는 점   비슷한 점   특별하지 않은 점

3 낱말을 따라 쓰고, 소리 내어 읽어 보세요.

特 징

어휘망으로 확장하기

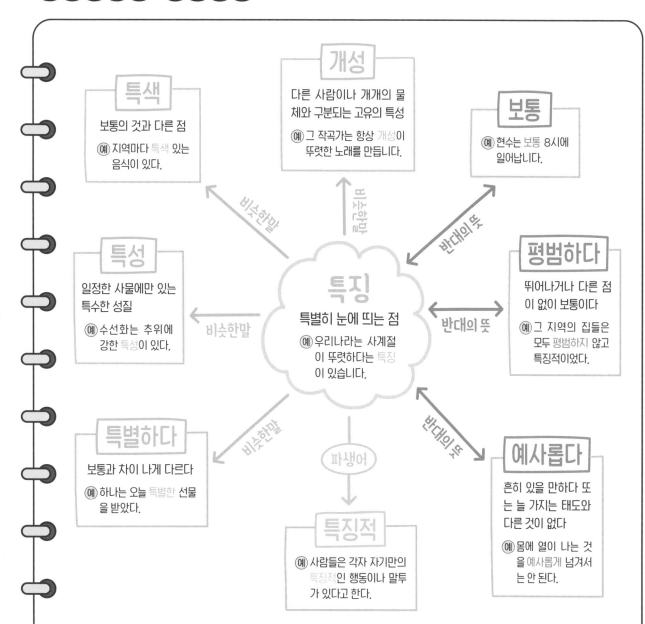

특색
보통의 것과 다른 점
(예) 지역마다 특색 있는 음식이 있다.

개성
다른 사람이나 개개의 물체와 구분되는 고유의 특성
(예) 그 작곡가는 항상 개성이 뚜렷한 노래를 만듭니다.

보통
(예) 현수는 보통 8시에 일어납니다.

특성
일정한 사물에만 있는 특수한 성질
(예) 수선화는 추위에 강한 특성이 있다.

비슷한말

특징
특별히 눈에 띄는 점
(예) 우리나라는 사계절이 뚜렷하다는 특징이 있습니다.

비슷한말 / 비슷한말 / 반대의 뜻

평범하다
뛰어나거나 다른 점이 없이 보통이다
(예) 그 지역의 집들은 모두 평범하지 않고 특징적이었다.

특별하다
보통과 차이 나게 다르다
(예) 하나는 오늘 특별한 선물을 받았다.

비슷한말

파생어

특징적
(예) 사람들은 각자 자기만의 특징적인 행동이나 말투가 있다고 한다.

반대의 뜻

예사롭다
흔히 있을 만하다 또는 늘 가지는 태도와 다른 것이 없다
(예) 몸에 열이 나는 것을 예사롭게 넘겨서는 안 된다.

4주

문장으로 확장하기

(속담) 한날한시에 난 손가락도 짧고 길다

(예) 한날한시에 난 손가락도 짧고 긴데, 형제가 성격이 다른 게 이상한 일은 아니지.

모든 사물은 다 고유의 특징을 가지고 있어서 구별이 된다는 뜻이에요.

어휘 뜻 확인하기

1 다음 그림을 보고, 빈칸에 들어갈 알맞은 낱말을 보기 에서 찾아 써 보세요.

보기

| 특종 | 형성 | 특성 | 정성 |

수선화는 추위에 강한 [ ]이 있다.

➡ _____

2 '특징'을 잘 사용했으면 ○표, 잘못 사용했으면 ✕표 해 보세요.

(1) 백신은 특징 나이의 사람들이 먼저 맞는다. (   )

(2) 우리나라는 사계절이 뚜렷하다는 특징이 있습니다. (   )

3 아래의 문장에서 빈칸에 들어갈 알맞은 말을 찾아 ○표 해 보세요.

(1) 그 작곡가는 항상 [ ]이 뚜렷한 노래를 만듭니다. 개성 | 개발

(2) 지역마다 [ ] 있는 음식이 있다. 어색 | 특색

(3) 하나는 오늘 [ ] 선물을 받았다. 특별한 | 특징의

4 밑줄 친 말을 보기 중 하나로 바꾸어 올바른 문장으로 고쳐 써 보세요.

보기

| 예사롭게 | 주의 깊게 | 특별하게 | 중요하게 |

몸에 열이 나는 것을 <u>특징 있게</u> 넘겨서는 안 된다.

➡ _____

실전 문제 풀이

1 다음 그림에 어울리는 속담은 무엇인가요? ( )

① 가재는 게 편
② 한날한시에 난 손가락도 짧고 길다
③ 손가락으로 하늘 찌르기
④ 하늘 보고 손가락질한다

2 다음 그림에서 알 수 있는 언니의 **특징**으로 알맞은 것은 무엇일까요? ( )

① 축구를 싫어한다.
② 공부를 잘한다.
③ 응원을 잘한다.
④ 축구를 잘한다.

3 다음 글의 빈칸에 들어갈 낱말로 알맞지 <u>않은</u> 것을 골라 보세요. ( )

> 진돗개는 영리하고 대담하며, 용감한 성격입니다. 진돗개의 가장 큰 [ ]은 충성심이라고 할 수 있는데, 주인을 위해서라면 목숨도 바칠 수 있다고 합니다. 사냥 본능이 강하고 자신보다 덩치가 큰 동물에게도 겁을 먹지 않아 예로부터 주인을 위험에서 보호했습니다.

① 특징   ② 개성   ③ 특성   ④ 평범

4주

환경

주위 상황
❶ 사람이나 동식물이 살아가는 데 영향을 주는 자연 조건이나 사회 상황
❷ 사람이나 동식물이 활동하는 주위의 상태

어휘 뜻 익히기

1 위의 그림에서 민아의 성격이 밝은 이유는 무엇일까요? (　　　)

① 늘 행복한 민아의 집안 환경 덕분에　　　② 민아의 성적이 좋기 때문에
③ 오늘 시험을 쳤기 때문에　　　④ 민아가 안경을 쓰기 때문에

2 '환경'이라는 말이 무슨 뜻일지 짐작해 보고, 알맞은 것에 ○표 해 보세요.

주위 상황　　　아끼는 것　　　친구 관계　　　지키는 것　　　알맞은 것

3 낱말을 따라 쓰고 소리 내어 읽어 보세요.

환 경

어휘망으로 확장하기

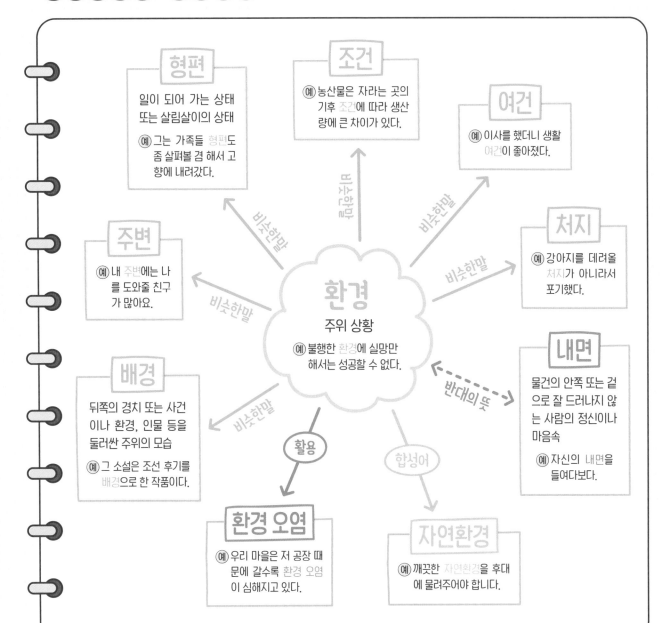

형편

일이 되어 가는 상태 또는 살림살이의 상태

예) 그는 가족들 형편도 좀 살펴볼 겸 해서 고향에 내려갔다.

조건

예) 농산물은 자라는 곳의 기후 조건에 따라 생산량에 큰 차이가 있다.

여건

예) 이사를 했더니 생활 여건이 좋아졌다.

주변

예) 내 주변에는 나를 도와줄 친구가 많아요.

환경
주위 상황

예) 불행한 환경에 실망만 해서는 성공할 수 없다.

처지

예) 강아지를 데려올 처지가 아니라서 포기했다.

내면

물건의 안쪽 또는 겉으로 잘 드러나지 않는 사람의 정신이나 마음속

예) 자신의 내면을 들여다보다.

배경

뒤쪽의 경치 또는 사건이나 환경, 인물 등을 둘러싼 주위의 모습

예) 그 소설은 조선 후기를 배경으로 한 작품이다.

비슷한말 / 비슷한말 / 비슷한말 / 비슷한말 / 비슷한말 / 비슷한말 / 반대의 뜻

활용 / 합성어

환경 오염

예) 우리 마을은 저 공장 때문에 갈수록 환경 오염이 심해지고 있다.

자연환경

예) 깨끗한 자연환경을 후대에 물려주어야 합니다.

4주

문장으로 확장하기

아주 좋은 환경 속에서 편안하게 지내는 것을 비유적으로 이르는 속담이에요.

속담
순풍에 돛을 달고 뱃놀이한다

예) 날씨도 좋고, 방학 숙제도 다 끝냈으니, 순풍에 돛을 달고 뱃놀이하는 사람처럼 여름 휴가를 즐길 수 있겠구나.

1 다음 그림을 보고, 빈칸에 들어갈 알맞은 낱말을 보기 에서 찾아 써 보세요.

보기

주요	내면	주변	태도

내 〔　〕 에는 나를 도와줄 친구가 많아요.

➡ _____

2 '환경'을 잘 사용했으면 ○표, 잘못 사용했으면 ✕표 해 보세요.

(1) 서준이는 환경적인 성격이 친절하다. (　　　)

(2) 쓰레기를 많이 버리면 자연환경이 오염된다. (　　　)

3 아래의 문장에서 빈칸에 들어갈 알맞은 말을 찾아 ○표 해 보세요.

(1) 그 소설은 조선 후기를 〔　〕으로 한 작품이다. | 변경 | 배경 |

(2) 농산물은 자라는 곳의 기후 〔　〕에 따라 생산량에 큰 차이가 있다. | 조건 | 조심 |

(3) 학교에서는 가정 〔　〕(이)가 어려운 학생들에게 장학금을 주고 있다. | 형편 | 나태 |

4 밑줄 친 말을 보기 중 하나로 바꾸어 올바른 문장으로 고쳐 써 보세요.

보기

내일	내면	표면	표시

아빠는 겉모습에만 신경 쓰지 말고 외모(을)를 가꾸라고 말씀하셨다.

➡ _____

1 '아주 좋은 환경 속에서 편안하게 지내는 것'을 뜻하는 속담은 무엇일까요? (   )

① 바람이 불어야 배가 가지

② 배보다 배꼽이 더 크다

③ 사공이 많으면 배가 산으로 간다

④ 순풍에 돛을 달고 뱃놀이한다

2 다음 그림의 인물에게 할 말로 적절한 것을 골라 보세요. (   )

① 어려운 환경에서도 열심히 공부했구나.

② 공부가 재미없었나 보구나.

③ 대학을 졸업하지 못했구나.

④ 집이 풍족했나 보구나.

3 다음 글의 빈칸에 들어갈 낱말로 알맞은 것을 골라 보세요. (   )

"추억이 담긴 아름다운 물과 환경을 기억해 주세요."
한국수자원공사는 아름다운 자연 [   ]의 가치와 물의 소중함을 되새기기 위한 '제1회 우리
환경 영상콘텐츠 공모전'을 개최합니다. 이번 공모전은 '24명이 만드는 70초의 기적'(우리가 사
용할 수 있는 물이 지구 전체 수자원의 0.0024%이고, 우리 몸의 70%가 수분임을 의미하는 숫
자)이라는 표어를 내걸었습니다.

① 환경   ② 구경   ③ 변경   ④ 환영

효과

좋은 결과
어떤 것을 하여 나타나는 보람이나 좋은 결과를 뜻하는 말이에요.

어휘 뜻 익히기

1 위의 그림에서 알 수 있는 과일의 효과가 <u>아닌</u> 것은 무엇인가요? (　　　)

① 사과는 감기를 예방한다.　　　　② 포도는 뼈를 튼튼하게 해 준다.
③ 수박은 소화를 돕는다.　　　　　④ 수박은 머리를 좋아지게 한다.

2 '효과'라는 말이 무슨 뜻일지 짐작해 보고, 알맞은 것에 ○표 해 보세요.

나쁜 결과　　　모르는 결과　　　좋은 결과　　　좋은 느낌　　　알 수 없는 결과

3 낱말을 따라 쓰고, 소리 내어 읽어 보세요.

효 과

어휘망으로 확장하기

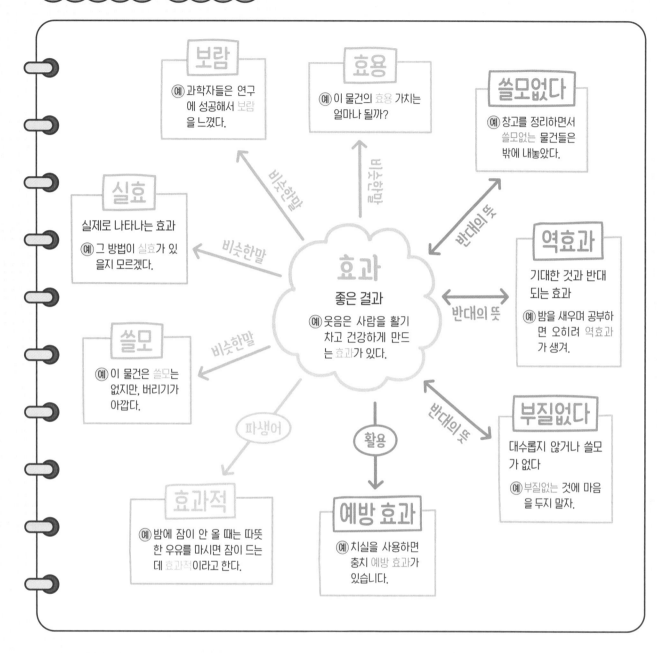

보람
㉠ 과학자들은 연구에 성공해서 보람을 느꼈다.

효용
㉠ 이 물건의 효용 가치는 얼마나 될까?

쓸모없다
㉠ 창고를 정리하면서 쓸모없는 물건들은 밖에 내놓았다.

실효
실제로 나타나는 효과
㉠ 그 방법이 실효가 있을지 모르겠다.

비슷한말
비슷한말
비슷한말

효과
좋은 결과
㉠ 웃음은 사람을 활기차고 건강하게 만드는 효과가 있다.

반대의 뜻

역효과
기대한 것과 반대되는 효과
㉠ 밤을 새우며 공부하면 오히려 역효과가 생겨.

반대의 뜻

쓸모
㉠ 이 물건은 쓸모는 없지만, 버리기가 아깝다.

파생어

활용

반대의 뜻

부질없다
대수롭지 않거나 쓸모가 없다
㉠ 부질없는 것에 마음을 두지 말자.

효과적
㉠ 밤에 잠이 안 올 때는 따뜻한 우유를 마시면 잠이 드는 데 효과적이라고 한다.

예방 효과
㉠ 치실을 사용하면 충치 예방 효과가 있습니다.

4주

문장으로 확장하기

속담
소귀에 경* 읽기

㉠ 화장실을 사용하고 나면 불을 꼭 끄라고 했지?
정말 소귀에 경 읽기구나.

*경: 불교의 기본 원리와 가르침을 적어 놓은 책

소의 귀에 대고 경을 읽어 봐야 단 한마디도 알아듣지 못한다는 뜻으로, 아무리 가르치고 일러 주어도 알아듣지 못하거나 효과가 없다는 말이에요.

1 다음 그림을 보고, 빈칸에 들어갈 알맞은 낱말을 보기 에서 찾아 써 보세요.

보기

| 보호 | 보람 | 보존 | 보상 |

과학자들은 연구에 성공해서 ☐ (을)를 느꼈다.

➡ _____

2 '효과'를 잘 사용했으면 ○표, 잘못 사용했으면 X표 해 보세요.

(1) 이 비누는 찌든 때도 없애고 살균까지 하는 효과가 있다. (　　)

(2) 엄마는 요즘 새로운 취미에 효과를 가지셨다. (　　)

3 아래의 문장에서 빈칸에 들어갈 알맞은 말을 찾아 ○표 해 보세요.

(1) 이 물건이 ☐ (은)는 없지만, 버리기는 아깝다. | 쓸모 | 약속 |

(2) 밤을 새우며 공부하면 오히려 ☐ (이)가 생겨. | 역사적 | 역효과 |

(3) 창고를 정리하면서 ☐ 물건들은 밖에 내놓았다. | 욕심 없는 | 쓸모없는 |

4 밑줄 친 말을 보기 중 하나로 바꾸어 올바른 문장으로 고쳐 써 보세요.

보기

| 편리한 | 효과적인 | 중요한 | 부질없는 |

아직도 그런 <u>결과적인</u> 망상*에 빠져 있단 말이야?

➡ _____

_____

*망상: 말이 되지 않는 생각

1 다음 그림에 어울리는 속담은 무엇인가요? (   )

① 쇠귀에 경 읽기
② 소 잃고 외양간 고친다
③ 다 된 죽에 코 풀기
④ 코에 걸면 코걸이 귀에 걸면 귀걸이

4주

2 독서의 효과로 적절하지 않은 것을 골라 보세요. (   )

① 다양한 지식을 쌓을 수 있다.
② 눈이 피곤해진다.
③ 뇌의 활동이 활발해진다.
④ 많은 단어를 알게 된다.

3 다음 글의 빈칸에 들어갈 낱말로 알맞은 것을 골라 보세요. (   )

겨울 캠핑족 사이에서 귤을 구워 먹는 것이 유행하고 있는데요, 귤을 구우면 단맛은 더 강해지고 신맛은 약해진다고 합니다. 농촌 진흥청 감귤 연구소 관계자에 따르면, 굽는 과정에서 수분이 어느 정도 증발하면서 단맛을 내는 성분의 밀도가 높아져 더 달게 느껴지는 [   ]가 있다고 합니다.

① 일과   ② 경과   ③ 효과   ④ 통과

1 다음 문장에 들어갈 알맞은 낱말을 보기 에서 찾아 써 보세요.

보기

| 주변 | 특징 | 감정 | 외모 |

인상주의 화가들은 빛의 움직임에 따른 사물의 변화를 잘 표현했다는 _____ (이)가 있다.

2 '직접'을 잘 사용했으면 ○표, 잘못 사용했으면 ✕표 해 보세요.

(1) 이번 사고의 직접적인 원인은 엔진 고장이다. (   )
(2) 올해는 이 영화가 재미있었다. (   )

3 아래의 문장에서 빈칸에 들어갈 알맞은 말을 찾아 ○표 해 보세요.

(1) 감기는 [   ] 휴식을 취해야 빨리 낫는다. [적은 | 충분한]
(2) 주전자에 물이 [   ] 혼자 들기에는 무겁다. [특별해서 | 가득해서]
(3) 예상보다 손님이 많이 와서 음식이 [   ]. [부족해 | 평범해]

4 밑줄 친 말을 보기 중 하나로 바꾸어 올바른 문장으로 고쳐 써 보세요.

보기

| 상대적 | 사교적 | 비교적 | 효과적 |

따뜻한 우유를 마시는 것은 잠이 드는 데 <u>소극</u>적인 방법이라고 한다.

➡ _____

5 다음 문장의 순서가 바르게 되도록 다시 써 보세요.

| 합니다. / 후대에 물려주어야 / 깨끗한 / 자연환경을 |

➡ _____

종합 문제

1 '비슷해 보이는 사물도 각각 고유의 특징을 가지고 있다'라는 뜻의 속담은 무엇일까요?

(   )

① 뛰어야 벼룩

② 우물을 파도 한 우물을 파라

③ 비 온 뒤에 땅이 굳어진다

④ 한날한시에 난 손가락도 짧고 길다

2 다음 식당 광고에 대한 설명으로 적절한 것을 골라 보세요. (   )

① 다음 날 배송한다.

② 하루에 3번 보낸다.

③ 다산식당에서 직접 배송한다.

④ 배송을 하지 않는다.

3 다음 글의 빈칸에 들어갈 말로 알맞은 것을 골라 보세요. (   )

> 아버지가 돌아가신 후, 두 아들은 보물을 찾기 위해 포도밭으로 갔습니다. 하지만 어딘가에 깊숙이 묻혀 있다는 보물은 쉽게 찾아지지 않았습니다.
> "이 정도면 [   ] 땅을 판 것 같은데, 왜 보물이 나오지 않는 걸까?"
> 두 아들은 밤낮으로 여기저기 땅을 팠어요. 하지만 여전히 보물은 없었습니다.

① 간접   ② 충분히   ③ 특징 있게   ④ 부질없이

4주

정답

1주 1일

8쪽 1. ③ 2. 할 수 있다   **10쪽** 1. 가능성 2. ○, ✕ 3. 할 수 있으니, 될 수 있어, 해낸다 4. 이 게임기는 너무 많이 부서져서 수리가 불가능하다.   **11쪽** 1. ① 2. ② 3. ④

1주 2일

12쪽 1. ② 2. 갈라놓음   **14쪽** 1. 갈래 2. ✕, ○ 3. 구분, 나뉜다, 분류 4. 여기저기 흩어져 있던 잔돈을 합치니 꽤 큰돈이 되었다.   **15쪽** 1. ① 2. ② 3. ④

1주 3일

16쪽 1. ① 2. 바라면서 기다림   **18쪽** 1. 희망 2. ✕, ○ 3. 소망, 바람, 희망 4. 동생은 원하던 놀이 기구를 탈 수 없게 되어 매우 실망한 표정이었다.   **19쪽** 1. ④ 2. ① 3. ①

1주 4일

20쪽 1. ③ 2. 하나로 나타냄   **22쪽** 1. 대표 2. ○, ✕ 3. 간판, 각각, 대표하는 4. 늑대 무리를 이끄는 우두머리는 가장 강한 늑대가 아니라 가장 현명한 늑대라고 한다.   **23쪽** 1. ① 2. ② 3. ③

1주 5일

24쪽 1. ④ 2. 이루려는 것   **26쪽** 1. 목표 2. ○, ✕ 3. 의도, 작정, 목적지 4. 비가 이렇게 오는데, 우산도 없이 무턱대고 나간다는 거니?   **27쪽** 1. ④ 2. ① 3. ②

확인 학습

28쪽 1. 기대 2. ✕, ○ 3. 목표, 목적지, 무계획하게 4. 우리 오빠의 목소리는 워낙 커서 많은 사람 사이에서도 구별이 된다. 5. '아리랑'은 우리나라의 대표적인 민요입니다. / '아리랑'은 대표적인 우리나라의 민요입니다.

종합 문제

29쪽 1. ④ 2. ③ 3. ②

2주 1일

30쪽 1. ② 2. 맞서는 것 **32쪽** 1. 상반 2. X, ○ 3. 반발, 동의, 일치 4. 우리는 모두 선생님의 의견에 찬성했어. **33쪽** 1. ③ 2. ③ 3. ②

2주 2일

34쪽 1. ① 2. 뒤떨어짐 **36쪽** 1. 성장 2. ○, X 3. 발전, 쇠퇴, 발돋움 4. 그 기술은 더 발전하지 못하고 오히려 조금씩 후퇴하였다. **37쪽** 1. ① 2. ③ 3. ④

2주 3일

38쪽 1. ① 2. 물건 **40쪽** 1. 물체 2. ○, X 3. 물건, 대상, 정신 4. 봉사 활동을 하시는 분들은 따뜻한 마음을 가진 사람들이다. **41쪽** 1. ④ 2. ② 3. ②

2주 4일

42쪽 1. ④ 2. 관계있다 **44쪽** 1. 관련 2. X, ○ 3. 관계, 상관, 아랑곳없다 4. 학생 회장은 선생님과는 무관하게 학생들만의 투표로 뽑는다. **45쪽** 1. ① 2. ① 3. ④

2주 5일

46쪽 1. ④ 2. 마음속에 그리는 것 **48쪽** 1. 공상 2. ○, X 3. 상상력, 추측, 진짜 4. 그 소설은 역사적인 사실을 바탕으로 쓰였다. **49쪽** 1. ④ 2. ① 3. ①

확인 학습

50쪽 1. 상관 2. ○, X 3. 반발, 반대, 일치 4. 우리나라의 인터넷 기술은 몇 년 사이에 매우 눈부시게 발달했다. 5. 눈과 코, 귀 등으로 여러 가지 사물을 느껴 보았다. / 여러 가지 사물을 눈과 코, 귀 등으로 느껴 보았다.

종합 문제

51쪽 1. ② 2. ③ 3. ①

3주 1일

52쪽 1. ② 2. 이룸 **54쪽** 1. 대성공 2. ○, X 3. 출세, 성과, 이루었다 4. 성공한 사람들은 대부분 실패를 극복하기 위해서 엄청난 노력을 했다. **55쪽** 1. ④ 2. ② 3. ①

3주 2일

56쪽 1. ④ 2. 뜻 **58쪽** 1. 가치 2. X, ○ 3. 상징, 의의, 무의미 4. 속담은 속뜻을 알면 정말 맞는 말이라고 고개를 끄덕이게 됩니다. **59쪽** 1. ③ 2. ① 3. ②

3주 3일

60쪽 1. ② 2. 저절로 **62쪽** 1. 선천적인 2. X, ○ 3. 원래, 어색해, 일부러 4. 얼마 전에 팔을 다쳐서 아직 움직임이 부자연스럽다. **63쪽** 1. ③ 2. ② 3. ④

3주 4일

64쪽 1. ② 2. 모여서 이루어진 것 **66쪽** 1. 전체적 2. ○, X 3. 모두, 전부, 송두리째 4. 나는 연필 다섯 자루 각각에 이름표를 붙여 놓았다. **67쪽** 1. ① 2. ③ 3. ②

3주 5일

68쪽 1. ④ 2. 반드시 **70쪽** 1. 결코 2. ○, X 3. 맹세코, 틀림없이, 혹시 4. 어쩌면 내년에 전학을 갈 수도 있을 것 같아. **71쪽** 1. ④ 2. ③ 3. ②

확인 학습

72쪽 1. 아마 2. ○, X 3. 가치, 의미, 상징 4. 배고픔은 인간의 본능적인 욕구입니다. 5. 이모는 벽 전체를 초록색으로 칠하셨다. / 이모는 초록색으로 벽 전체를 칠하셨다.

종합 문제

73쪽 1. ④ 2. ① 3. ①

4주 1일

74쪽 1. ② 2. 바로 **76쪽** 1. 손수 2. ○, X 3. 스스로, 직접적인, 간접적 4. 다큐멘터리를 통해 실제로 가 보지 못한 세계를 간접적으로 경험할 수 있다. **77쪽** 1. ① 2. ① 3. ③

4주 2일

78쪽 1. ② 2. 넉넉하다 **80쪽** 1. 가득 2. X, ○ 3. 만족, 넉넉, 부족 4. 가뭄이 계속되어 논에 물이 모자란다고 합니다. **81쪽** 1. ① 2. ③ 3. ④

4주 3일

82쪽 1. ① 2. 특별히 눈에 띄는 점 **84쪽** 1. 특성 2. X, ○ 3. 개성, 특색, 특별한 4. 몸에 열이 나는 것을 예사롭게 넘겨서는 안 된다. **85쪽** 1. ② 2. ④ 3. ④

4주 4일

86쪽 1. ① 2. 주위 상황 **88쪽** 1. 주변 2. X, ○ 3. 배경, 조건, 형편 4. 아빠는 겉모습에만 신경 쓰지 말고 내면을 가꾸라고 말씀하셨다. **89쪽** 1. ④ 2. ① 3. ①

4주 5일

90쪽 1. ④ 2. 좋은 결과 **92쪽** 1. 보람 2. ○, X 3. 쓸모, 역효과, 쓸모없는 4. 아직도 그런 부질없는 망상에 빠져 있단 말이야? **93쪽** 1. ① 2. ② 3. ③

확인 학습

94쪽 1. 특징 2. ○, X 3. 충분한, 가득해서, 부족해 4. 따뜻한 우유를 마시는 것은 잠이 드는 데 효과적인 방법이라고 한다. 5. 깨끗한 자연환경을 후대에 물려주어야 합니다.

종합 문제

95쪽 1. ④ 2. ③ 3. ②

놀라운 어휘
학습도구어 2

초판 1쇄 발행 2022년 11월 23일
초판 3쇄 발행 2023년 8월 10일

기획 다산스쿨 교육연구소, 북케어
글 다산스쿨 교육연구소, 손명정
그림 안주영, 이진아

펴낸이 김선식
펴낸곳 다산북스

경영총괄이사 김은영
어린이사업부총괄이사 이유남
책임편집 박슬기 **디자인** 양X호랭 DESIGN **책임마케터** 박상준
어린이콘텐츠사업4팀장 강지하 **어린이콘텐츠사업4팀** 최방울 박슬기
어린이디자인팀 남희정 남정임 김은지 이정아
마케팅본부장 권장규 **마케팅5팀** 최민용 안호성 박상준 송지은
미디어홍보본부장 정명찬 **브랜드관리팀** 안지혜 오수미 문윤정 이예주
저작권팀 한승빈 이슬 윤제희
재무관리팀 하미선 윤이경 김재경 이보람
인사총무팀 강미숙 김혜진 지석배 박예찬 황종원
제작관리팀 이소현 최완규 이지우 김소영 김진경 양지환
물류관리팀 김형기 김선진 한유현 전태환 전태연 양문현 최창우

출판등록 2005년 12월 23일 제313-2005-00277호
주소 경기도 파주시 회동길 490
전화 02-704-1724 **팩스** 02-703-2219
다산어린이 카페 cafe.naver.com/dasankids **다산어린이 블로그** blog.naver.com/stdasan
종이 신승지류유통 **인쇄** 한영문화사 **코팅** 평창피앤지 **제본** 국일문화사

ISBN 979-11-306-4202-4 (64700)
        979-11-306-4200-0 (세트)

• 책값은 뒤표지에 있습니다.
• 파본은 본사 또는 구입하신 서점에서 교환해 드립니다.
• KC마크는 이 제품이 공통안전기준에 적합하였음을 의미합니다.
• 아이들이 책을 입에 대거나 모서리에 다치지 않게 주의하세요.
• 이 책은 저작권법에 의하여 보호를 받는 저작물이므로 무단 전재와 복제를 금합니다.
• 이 책은 국립국어원 표준국어대사전과 우리말샘의 어문 규정을 따랐습니다.